영어는 매우 규칙적인 언어다
(단어의 순서를 나열하는 규칙에 의해 문장이 완성된다)
회화를 한다는 것은 영작을 순간적으로 빨리 말로 하는 것이다.
빨리 할 줄 아는 말은 저절로 들린다

모든 언어의 중심은 주어와 동사에 있다

영어 기초를 위한 모든 기본 문장들
-어순과 동사의 시제를 알면 영어가 훨씬 쉬워진다

Copyright 2019 출판사 음악의 향기

지은이 유현철

펴낸 곳 출판사 음악의 향기

초판 2019년 3월 11일

인쇄 광동문화사

주소 ; 서울 영등포구 당산동1가 41-3 제2건물 3층

대표전화 0502-111-2020

등록일 2018년 8월 1일

등록번호 제 2018-000096

e-mail   ; popjazzpiano@hanmail.net

hpenglish@naver.com

ISBN   978-89-94182483 13740

값 12,000원

영어 기초를 위한 모든 기본 문장들
-어순과 동사의 시제를 알면 영어가 쉬워진다

유현철 저

음악의 향기
MusicThyme

저자는
컴퓨터를 전공하고 데이터베이스로 석사학위를 받은 후 IT 업계에서 근무하였고 직접 컴퓨터 회사를 설립하고 많은 소프트웨어와 게임 소프트웨어를 개발하였다. 특히 음악을 기반으로 하는 게임 소프트웨어로 정통부장관상을 비롯 많은 상을 받고 특허를 취득하였다.
십 여 년 전부터 출판사를 설립하고 운영하면서 많은 책을 저술하였다. 주로 스무권이 넘는 음악책과 영어책을 썼으며 이런 책들은 대학이나 문화센터 등에서 교재로 활용되고 있다. 2015년에는 우리나라 최초로 영어로 재즈피아노 책을 쓰고 미국에서 판매를 개시하였다. 여러 교회 성가대, 대학, 회사에서 합창단을 지휘하고 대학 때는 '김홍철과 친구들'의 그룹에서 기타리스트로 참여하여 대중음악을 한 적도 있다. 2016년 첫 번째 소설 '재즈가 흐르는 그담에서'를 발표하면서 전업 작가의 길에 들어섰다. 컴퓨터와 음악을 넘나들며 다양하고 해박한 지식을 보여주고 있다. 논리적이며 합리적인 그의 사고는 어떤 분야에서든 놀라운 통찰력으로 패턴을 찾아내고 있고 쉬운 언어와 순서로 타인을 설득한다. 그가 개발한 드럼게임기 '쿵쿵딱 드럼'은 한때 전국 오락실에서 최고의 인기를 구사하던 게임기였다. 그가 개발한 게임을 즐기다 보면 자연스럽게 드럼 연주를 배우게 되는 것처럼 글을 읽거나 그의 강의를 듣다 보면 어느새 지식과 교양을 쌓게 되는 것이 저자의 가장 큰 장점이자 특기이다.

저서로는
'갑자기 엄마가 나보다 영어를 잘해요',
'영어 의문문 12주에 끝내기',
'생활국어 영어로 말하기',
'영어회화를 하려면 빨리 말해야 한다',
'한국(일본)인에게 맞는 영문법',
'번역과 영작의 기술을 배우는 팝송영어 1, 2, 3, 4, 5
'단문장 영작의 모든 것',
'복문장 영작의 모든 것',
영어 가정법의 모든 것
'Cool한 여성을 위한 교양음악이야기',
'실용음악피아노 반주법',
'해설이 있는 피아노 악보집 Slow GoGo리듬편',
'해설이 있는 피아노 악보집 Slow Rock리듬편',
'찬송가를 위한 바이올린과 첼로 편곡집 1, 2, 3, 4, 5
"마케팅을 알면 뭘 팔아도 성공한다"
소설 '재즈가 흐르는 그담에서'로 등단했고 '음악 중매'를 2018년에 발표하였다.
우리나라 최초로 영어로 쓴 Jazz Piano 학습을 위한 'Jazz Piano for Scientist'가 있다.
총 27권의 종이도서와 26종의 전자도서를 저술하였다.

글쓴이의 말

　영어를 잘 하는 사람들은 흔히 '영어에는 왕도가 없다고 한다'라고 말한다. 정말 그럴까? 영어를 아주 유창하게 잘하는 외교관 출신의 전직 관료가 TV 프로그램에 나와 기초 회화 수준 즉 대략 6~7 살 수준의 회화를 구사하려면 3,000시간 정도의 공부가 필요하다고 말하는 것을 들은 적이 있다. 과연 그렇게 많은 시간이 필요한 것일까?
　매일 1시간씩 공부하면 무려 3000일, 공휴일을 제외하면 무려 10년이 필요하다. 고작 미국의 7살짜리 영어가 그렇게 어려운 수준일까? 중학교, 고등학교, 대학교까지 거의 10년을 공부하였는데 영어 회화가 되지 않는데 7살 수준의 영어가 그렇게 힘들까? 영어를 거의 못하는 한국 사람이 거의 살지 않는 미국의 어느 조그마한 시골 마을에 가서 살기 시작한 지 불과 6개월도 안되어 어느 정도 회화를 구사하는 것은 그러면 어떻게 설명하여야 할까? 현지에서 외국인과 직접 부딪히며 배우면 금방 영어가 는다는데 그 과학적인 이유는 무엇일까? 그 과정을 분석해서 영어 교육에 그대로 적용하면 되지 않을까?
　실제 우리나라에 온 많은 외국인들이 불과 1년도 되지 않아 생활하는데 큰 불편이 없을 정도의 한국어를 구사하는 것은 어떻게 설명해야 과학적으로 그 이유를 설명할 수 있을까? 대부분 그들은 소위 언어 교육 학자들이 체계 있게 만든 교과 과정이나 책 혹은 언어 교육기관을 통하지 않고도 스스로 공부를 했을 뿐인데도 금방 잘하지 않은가.
　나는 영어뿐만 아니라 어떤 나라의 언어도 기본적인 패턴은 비슷하다고 생각한다. 즉 주어와 동사가 있고 (우리나라 말에는 동사가 없이 구성된 문장도 있지만) 동사의 시제를 나타내는 패턴이 규칙적으로 존재한다. 그리고 우리나라 말처럼 어순이 그다지 문제되지 않는 언어가 있는가 하면 영어처럼 절대적으로 어순이 중요한 언어가 있다. 한국어가 어순이 중요하지 않은 이유는 단어의 끝에 붙는 조사 때문에 그러하다. 조사가 모든 단어의 성격을 정의하는 것이나 다름 없다. 주어인지 목적어인지 조사에 달려있다.
　하지만 영어는 조사가 없다. 모든 것은 단어를 나열하는 순서에 의해 결정된다. 심지어는 그 단어가 명사인지 형용사인지 동사인지도 어순에 의해 결정된다. 한국어는 한 개의 단어가 명사도 되고 동사도 되는 것은 없다. 동사가 되려면 명사의 뒤에 조사가 붙어야 하지만 영어는 위치에 따라 품사가 달라진다. 그러므로 영어는 순서가 결정적인 언어이고 순서를 모르면 품사를 결정할 수가 없으므로 해석하는데 사전을 제대로 활용할 수도 없다.
　영어는 순서의 언어이다. 모든 알파벳을 사용하는 언어가 다 그렇다. 그러니까 영국에서 만들어진 영어책과 문법 체계 그리고 영어의 교육과정, 시스템은 다른 알파벳을 사용하는 유럽의 다른 국가의 언어와 차이점을 중심으로 개발된 것이다. 한국 사람에게는 아니 일본이나 중국, 등 알파벳 언어권이 아닌 나라의 사람들은 영국에서 개발된 영어교육 체계는 맞지 않는다. 우리가 영어를 배우려면 정확히 영어와 우리말과의 차이점을 중심으로 영어교육 체계와 방법론, 내용을 담아야 하는 것이다.

　더불어 중요한 것은 기초부터 고급 단계에 이르는 과정이 과학적이고 논리적이며 체계적이어야 한다는 것이다. 수학에서 구구단을 공부하고 인수분해, 미적분 이러한 단계로 나아가는 것은 앞에서 배운 내용을 소화하지 못하면 더 이상 다음 단계로 진행을 할 수 없기 때문이다. 그러나 현재의 영어 학습 단계는 이러한 과학적 논리가 부족하고 앞에서 배워야 할 부분과 뒤에서 배워야 할 부분이 마구 섞여 있어 영어를 공부할 때 매우 혼란스럽다. 시험에서 영어 100점을 맞고도 뭘 모른다고 느끼는 이유이다.

　영어를 가르치는 교육자나 학자들에게 물어도 영어의 기초가 무엇인지 혹은 영어의 학습 단계에 대해 질문하면 그 답이 매우 궁색하고 답하는 사람마다 주장하는 바가 너무 다르다. 그러니 그냥 '외국어에는 왕도가 없다'라고 할 수 밖에. 그렇지 않다. 모든 배움의 길에는 과학적인 논리가 존재하고 합리적이고 체계적인 단계를 정의할 수가 있다.

　이러한 관점에서 팝송 영어를 가르치고 책을 저술하면서 단계별 학습지를 개발하였고 '영어 의문문 12주에 끝내기', '단문장 영작의 모든 것', '복문장 영작의 모든 것', '생활국어 영어로 말하기' 등 12권이 넘는 영어책을 집필하여 많은 사람들에게 적용하고 가르치고 있으며 그들 대부분은 아주 기초부터 시작하여 1년 안에 6~7살 수준의 말을 하고 쓰기를 할 줄 안다. 그들에게 영어를 가르친 거이 아니라 정확히 말하면 한국어를 영어로 바꾸는 번역과 통역의 기술을 가르친 것이다. 번역은 작문이고 통역은 회화이다.

　이 책은 그 중에서 회화를 하기 위해 가장 중요한 훈련이 빠르게 말하기에 중점을 둔 책이다. 아무리 영어를 잘해도 회화를 하지 못하면 영어를 한다고 말할 수 없다. 중고교의 영어선생님들 중에서 상당히 높은 수준의 영어를 하면서도 회화를 하지 못하는 선생님들이 꽤 있는데 그것은 단순히 빠르게 말을 하지 못해서 오는 문제인 것이다.

　문장을 하나 영작하는데 60초가 걸린다면 회화는 5초 안에 해야 하는 것이다. 이렇게 단순한 해결 방법을 해결하려면 빠르게 말하는 훈련이 필요하다. 엄청난 차이 같지만 훈련하는 방법에 따라 불과 3~4개월이면 해결될 수 있다고 본다. 같은 패턴의 문장을 반복하도록 하고 영어의 가장 중요한 특징인 언어의 어순 그리고 동사의 시제를 중점적으로 연습하면 3개월도 되지 않고 6~7살 수준의 영어를 구사하게 될 것이다. 영어 회화에 필요한 가장 중요한 패턴의 문장을 엄선하여 예제 문장을 만들었다.

회화가 아니더라도 여기에서 익힌 영어의 어순과 동사 시제의 16가지 유형은 영어 공부를 할 때 훨씬 도움을 줄 것이다. '주어+동사'를 만들고 그 뒤에 단어를 중요한 순서대로 나열하면 되기 때문이다. 동사의 시제는 한국어와 개념이 다르기 때문에 중점적으로 익혀야 할 부분이다. 그리고 반복, 반복 또 반복 3~4만 번 반복이 회화의 지름길이며 모국어처럼 영어를 구사하는 비결이다. 듣는 훈련은 필요 없다. 자기가 할 줄 아는 문장은 들리기 마련이다. 여기에 복문장 연습을 더 하면 고급영어를 구사할 수 있다. 10세 이상의 언어 회화 능력에 꼭 필요한 부분이다.

여기에 제시된 모든 문장을 보면 너무 쉽게 보이고 이미 다 알고 있는 내용일 수도 있다. 그렇다면 반복 훈련을 통해 저절로 3초 안에 문장을 만들어 입으로 말할 수 있도록 연습이 필요하다. 바로 그게 회화이고 듣는 연습이다. 그 다음부터 단어만 추가하면 된다. 이 책을 통해 영어에 더 쉬워질 것을 확신한다. 아마 회화도 끝이 보이기 시작할 것이다.

2019년 3월 11일
저자 유현철

이 책을 공부하는 방법

　이 책은 동사를 중심으로 엮은 책이다. 모든 문장의 핵심은 동사에 달려 있다. 실제 문장을 만들 때 가장 생각을 많이 하게 하는 것이 동사의 시제이다. 그것은 특히 영어에는 있고 우리말에는 없는 현재완료와 과거완료의 시제 때문에 더욱 어렵게 생각이 든다. 이것은 과거분사라고 하는 우리말에 없는 동사의 형태 때문에 더욱 이해하기가 쉽지가 않다. 또 하나는 영어에서 말하는 시제와 우리말의 시제에는 차이가 존재한다. 즉 서로 시제가 일치하지 않는다는 점이다. 그래서 동사를 중심으로 훈련하는 거이 좋다고 생각되어 동사를 중심으로 40개를 선정하였고 동사를 중심으로 기본 8가지 동사의 시제의 예문을 제시하였다. 후반부에는 추가 응용 8가지 시제가 있다. 물론 이 예문을 공부할 때는 어순에 주목하여야 한다. 우리가 영작을 할 때 어려운 것은 단어를 어느 위치에 놓아야 할지 모르기 때문이다. 그러므로 이 예문에 나오는 문장의 패턴을 통해 어순을 익히게 되고 계속 같은 패턴의 문장을 반복하면 저절로 어순에 자신이 생길 것이다. 짐작하였겠지만 그 어순이 바로 1형식부터 5형식까지의 기본 패턴이고 나머지 단어는 전부 그 이후에 위치하는 것이다. 어순을 아무렇게나 바꾸면 안된다. 우리말은 어순을 바꿔도 상관이 없어서 영어의 어순을 쉽게 바꾸려 하는데 그러면 내용의 뉘앙스가 바뀌고 왜곡될 수가 있고 심지어는 전혀 다른 뜻이 될 수도 있다. 영어는 조사가 없기 때문에 순서가 바뀌면 단어의 품사도 바뀌기 때문이다.

　그 다음으로 중요한 것이 이 책의 목적인 빨리 말하기 연습이다. 그래서 각 모든 장에는 예제 문장과 함께 읽어야 할 적당한 시간을 표시하였다. 읽기 연습과 외우기를 통하여 도달하여야 할 목표를 '초'단위의 수치화된 목표를 설정하였다. 외우기를 하지 말고 일단은 제한된 시간 안에 '읽기'의 시간에 도달하기 바란다. 사실 비슷한 패턴의 문장이 주어에 따라 바꾸는 연습을 하는 것이므로 외우기도 그다지 어렵다고 볼 수 없는데 어떤 공부이든지 도달 가능한 가벼운 목표를 먼저 달성하여 공부에 대한 스트레스를 없애고 성취의 기쁨과 재미를 느껴 궁극적으로는 공부의 즐거움을 스스로 느끼는 것이 좋다.

하루에 1개의 동사를 목표로 읽기 연습을 하면 40개의 동사를 익히는데 두 달이면 충분할 것이다. 처음부터 속도가 부담스럽다면 일단 읽기의 1차 목표를 먼저 달성한 후 다시 처음부터 반복해서 최종 목표에 도전하는 것이 좋다. 그저 '읽기'만으로 충분히 회화를 할 수 있으리라 생각한다. 하지만 '읽기'만으로 부족한 것이 있다면 바로 '듣기'이다. 듣는 것은 너무 말이 빠르기 때문에 어려운 것이다. 최종 목표에 성공하면 여기서 공부한 모든 문장은 머리 속에서 듣는 즉시 이해가 될 것이다.

듣는 것은 머리 속에서 들은 문장을 분석하고 분해하여 이해하는 것이 아니다. 듣는 것과 동시에 이해하는 것이다. 들리는 것이 완성되지 않았음에도 불구하고 회화에 그다지 문제가 없다고 언급한 이유는 우리가 여행하면서 영어를 사용할 때 우리가 할 줄 아는 말에 상대방은 우리의 수준을 간파하고 알아 듣기 쉬운 말로 표현해 주고 천천히 말해 주기 때문이다. 또 우리가 질문하고 말하는 내용에 준하여 대화가 오가기 때문에 엉뚱한 질문이나 내용을 말하지 않는 이상 그 대화는 거의 내용을 들을 수도 있고 짐작할 수도 있기 때문이다.

이 책은 6번 반복하는 것이 가장 좋다. 처음에는 기초 단계의 레벨에 맞추어 'Low" level의 속도에 맞추어 일단 성취의 기쁨을 경험하고 2번째 공부할 때 'middle' level에 도전하고 마찬가지 방법으로 3번째는 'high' level에 도전하는 것이다.

이렇게 해서 10번씩 6번을 반복하면 충분하게 빠른 영어회화를 구사하게 될 것이고 빠르게 할 줄 아는 말은 모두 듣게 될 것이다. 공부는 완벽하게 외우는 것보다 반복하는 것이 훨씬 좋다. 교육학 이론에 의하면 24시간 안에 반복을 하면 기억의 기간이 10배 이상 길어지고 기억 감퇴의 속도도 매우 완만해진다고 한다. 그러므로 너무 처음부터 욕심을 내어 완벽하게 공부를 하고 다음 단계로 진행하는 것보다 차근차근하게 low level부터 high level까지 반복하면서 단계를 상승하는 것이 좋을 것이다.

일단 동사를 익히는데 2달이면 충분하지만 우리가 이해를 하는 것만으로는 회화를 할 수 없다. 영어 공부에 실패하는 이유 중 하나가 이해만 하고 다음 진도로 넘어간다는 것이다. 회화를 하려면 이해하는 것보다 입에서 빠르게 뱉을 수 있는 수준까지 끌어 올려야 한다. 그래서 완전한 '듣기'까지 해결하기 위해서는 여유 있게 영어를 즐기듯이 공부하면서 6번 반복하여 1년을 목표로 삼는 것이 좋다. 만일 그보다 빨리 달성하고자 하면 공부의 시간을 2배로 늘리면 된다. 이 책은 공부하는 사람의 수준에 따라 다르겠지만 아주 초보적인 사람을 기준으로 하였으므로 수준에 따라서 그보다 훨씬 짧은 기간 안에 목표를 달성할 수 있을 것이다.

기억의 종류에는 3가지가 있다. 단순기억, 감성기억, 패턴기억. 암기로 기억하는 것이 단순기억인데 시간이 오래 걸리고 쉽게 망각되는 단점이 있어 유지 시키는 노력이 상당히 필요하다. 감성기억은 슬프고, 괴롭고 행복하고 기쁜 감성적인 기억들로 노력 없이 저절로 기억이 형성되고 거의 평생을 간다. 오히려 잊고 싶은 데 기억이 되는 게 문제이다.

패턴기억은 요리, 자전거, 운전, 골프, 바둑, 장기처럼 패턴을 기억하는 것으로 어느 정도 반복의 과정이 필요하다. 하지만 어느 수준에 도달하면 평생 잊혀지지 않는다. 그렇지만 그 수준에 도달하지 못하고 끝내면 다시 원위치가 된다.

언어는 단순기억이 아닌 패턴기억이 필요하다. 그러니까 암기보다 반복을 해야 한다. 암기의 방법으로 영어를 공부하니까 도루묵이 된다. 필자는 과거 '삼위일체'라는 영어책과 '정통종합영어'를 50번 반복하였다. 그리고 '민병철 생활영어 6권 시리즈'를 3년 동안 반복했다. 오로지 읽기만 했으니 처음에는 한번 읽는데 3~4주 걸렸지만 나중에는 일주일도 걸리지 않았으니 그리 대단하지도 않고 생각보다 오래 걸리지도 않았다. 50번이 확실한 이유는 한번 읽을 때마다 횟수와 날짜 시간을 적었기 때문이다. 나중에는 '민병철 생활영어' 같은 경우는 하루에 1권을 반복하는 속도에 이르렀다. 그렇게 시리즈 6권을 다 읽었다. TOEIC도 그렇게 읽기만 했다.

모든 공부 특히 언어는 패턴기억 방법이 가장 효율적이다. 처음에는 느리지만 점점 빨라진다.

- 여기에 나와있는 '속도'는 공부를 하기 위해 수치화한 것이지 원어민의 회화 속도를 측정하여 평균을 낸 것은 아니다.

- 반복 학습을 위해 동사의 시제와 주어를 바꾸었으므로 다소 어색하거나 드물게 사용하는 표현이 있을 수 있다.

목 차

Chapter 1 동사의 기본형 익히기

(watch, meet, buy, eat, read, write, study, hear, listen, live, be)

1.1 watch	17
1.2 meet	21
1.3 buy	25
1.4 eat	31
1.5 read	35
1.6 write	41
1.7 study	47
1.8 hear	53
1.9 listen	59
1.10 live	63
1.11 be	67

Chapter 2. 부정문 익히기

(tell, want, go, drink, help)

2.1 tell	77
2.2 want	81
2.3 go	85
2.4 drink	89
2.5 help	93

Chapter 3. 그 밖의 꼭 알아야 할 중요한 동사들

show, look, give, teach, order, sell, get, take, make, let

3.1 show	99
3.2 look	109

3.3 give	117
3.4 teach	121
3.5 order	125
3.6 sell	129
3.7 get	133
3.8 take	137
3.9 make	141
3.10 let	145

Chapter 4. 의문문

4.1 yes, no의 답이 필요한 의문문 (walk, be, make)	151
4.2 what (think, happen, go, eat)	155
4.3 who (wait)	159
4.4 where (work)	163
4.5 when (begin, open, come)	167
4.6 why (change, speak, study, learn, cook)	171
4.7 which, whether (talk, work, like, rain, finish, watch, win)	175
4.8 how (cook, do, know)	179
4.9 how many (go, stay, give, let, send, need, win)	183
4.10 how much (pay, study, owe, drink, work, cost)	187
4.11 how long (plan, stay, give, travel, take, get, live, last)	191
4.12 how often, old, far, about (change, walk, play, eat, go, live)	195

Chapter 5. 그 밖의 시제들

5.1 완료진행형	201
5.2 가정법 과거 (would, should, could, might)	205
5.2.1 would	205

5.2.2 should	208
5.2.3 could	211
5.2.4 might	214
5.3 must의 진행형과 완료형	217
부록 - 영어 동사 16가지 시제의 예	220

Chapter 1. 동사 8가지 기본시제 익히기

watch, meet, buy, eat, read, write, study, hear, listen, live, be

1.1 **watch** (watched, watching, watched) - 현재(과거, 현재분사, 과거분사)

*1인칭 (주어를 'I – 나'로 하는 경우)

1	I watch her	난 그 여자를 봅니다
2	I am watching her	난 그 여자를 보고 있습니다
3	I watched her	난 그 여자를 지켜 봤습니다
4	I was watching her	난 그 여자를 지켜보는 중이었습니다
5	I have watched her	난 그 여자를 쭉 지켜보고 있는 상태입니다
6	I had watched her	난 그 여자를 쭉 지켜본 상태가 있었습니다
7	I will watch her	난 그 여자를 지켜보려고 합니다
8	I will be watching her	난 그녀를 보고 있는 중일 것입니다

*2인칭 단수이거나 복수 (you는 단수, 복수 구별 없이 사용한다. 즉 '당신' 혹은 '여러분들')

1	You watch her	We watch her	They watch her
2	You are watching her	We are watching her	They are watching her
3	You watched her	We watched her	They watched her
4	You were watching her	We were watching her	They were watching her
5	You have watched her	We have watched her	They have watched her
6	You had watched her	We had watched her	They had watched her
7	You will watch her	We will watch her	They will watch her
8	You will be watching her	We will be watching her	They will be watching her

- 동사의 기본이 되는 8가지 시제에 대해 익힌다.
- 주어가 1,2,3인칭 단수 복수에 따라 동사를 표현하는 방법이 달라진다.
- 이 정도는 기본적으로 알고 있더라도 안 보고 입에서 저절로 나올 정도로 익혀야 한다. 회화가 되려면 이 정도의 동사에 대한 시제 변화는 저절로 구사되어야 한다.
- 이러한 동사 시제 변화를 완벽히 익히면 1가지 회화 문장을 배워도 8가지 형태가 저절로 습득되는 효과가 있다.

*주어를 3인칭 단수로 하는 경우

1	She watches him	동사 끝에 's'를 붙인다
2	She is watching him	be동사가 'is'가 된다
3	She watched him	
4	She was watching him	be동사가 'was'가 된다
5	She has watched him	3인칭 단수는 have가 'has'로 바뀐다. 완료형은 지속되고 있는 상태를 의미하므로 기간을 언급하는 경우가 많다
6	She had watched him	
7	She will watch him	
8	She will be watching him	확고한 상황이므로 '꼭 ~할거야'의 의미로도 사용된다

*1-현재, 2-현재진행, 3-과거, 4-과거진행, 5-현재완료, 6-과거완료, 7-미래, 8-미래진행

읽기 (1인칭, 2인칭, 3인칭 예문 전체를 읽을 때의 속도)

low	120초	**middle**	90초	**high**	40초

읽기 연습용 표

no		no		no	
1		11		21	
2		12		22	
3		13		23	
4		14		24	
5		15		25	
6		16		26	
7		17		27	
8		18		28	
9		19		29	
10		20		30	

- 한번 읽을 때마다 시간을 적고 제시한 속도가 될 때까지 읽어야 한다. (처음 low level, 2번 째 medium, 3번째 high *high level 되면 중도에 중지해도 됨)
- 인칭에 따라 8가지 시제가 저절로 나와야 한다. 이런 훈련은 의문문을 만들 때 유용하다.
- 문장을 외우는 것이 목적이 아니라 패턴을 외우게 하려는 것이다. 패턴의 습득이 중요하다.
- 여기 예문들은 생활에서 주로 사용되는 동사 위주로 되어 있으니 회화에도 큰 도움이 된다.

1.2 **meet** (met, meeting, met) 현재(과거, 현재분사, 과거분사)

*1인칭 (주어를 'I - 나'로 하는 경우)

1	I meet a teacher at school	학교에서 선생님 한 분을 만나
2	I am meeting a teacher at school	학교에서 선생님 한 분을 만나는 중이야
3	I met a teacher at school	학교에서 선생님 한 분을 만났습니다
4	I was meeting a teacher at school	학교에서 선생님 한 분을 만나는 중이야
5	I have met a teacher at school	학교에서 선생님 한 분을 쭉 만나고 있어
6	I had met a teacher at school	학교에서 선생님 한 분을 쭉 만나고 있었어
7	I will meet a teacher at school	학교에서 선생님 한 분을 만날 거야
8	I will be meeting a teacher at school	학교에서 선생님 한 분을 만나고 있을 거야

*2인칭 단수 혹은 복수(주어를 'you, we, they - 당신, 우리, 그들'을 주어로 하는 경우)

1	You meet a teacher at school	We meet a teacher at school	They meet a teacher at school
2	You are meeting a teacher at school	We are meeting a teacher at school	They are meeting a teacher at school
3	You met a teacher at school	W met a teacher at school	They met a teacher at school
4	You were meeting a teacher at school	We were meeting a teacher at school	They were meeting a teacher at school
5	You have met a teacher at school	We have met a teacher at school	They have met a teacher at school
6	You had met a teacher at school	We had met a teacher at school	They had met a teacher at school
7	You will meet a teacher at school	You will meet a teacher at school	You will meet a teacher at school

| 8 | You will be meeting a teacher at school | You will be meeting a teacher at school | You will be meeting a teacher at school |

*주어를 3인칭 단수로 하는 경우

1	She meets a teacher at school	동사 끝에 's'를 붙인다
2	She is meeting a teacher at school	be동사가 'is'가 된다
3	She met a teacher at school	
4	She was meeting a teacher at school	be동사가 'was'가 된다
5	She has met a teacher at school	have가 'has'로 바뀐다. 완료형은 상태의 지속을 의미한다.
6	She had met a teacher at school	
7	She will meet a teacher at school	
8	She will be meeting a teacher at school	미래 진행은 예정된 확고한 상황이므로 '꼭 ~할거야'의 의미로도 사용된다

*1-현재, 2-현재진행, 3-과거, 4-과거진행, 5-현재완료, 6-과거완료, 7-미래, 8-미래진행

읽기 (1인칭, 2인칭, 3인칭 위 예문 예문 전체를 읽을 때의 속도)

| low | 90초 | middle | 75초 | high | 50초 |

읽기 연습용 표

no		no		no	
1		11		21	
2		12		22	
3		13		23	
4		14		24	
5		15		25	
6		16		26	
7		17		27	
8		18		28	
9		19		29	
10		20		30	

- 여기 예문들은 생활에서도 주로 사용되는 동사 위주로 되어 있으니 회화에도 큰 도움된다.
- '주어+동사+목적어' 순서(3형식)로 단어를 나열하여야 된다. 그렇지 않으면 문장이 되지 않는다.
- 위 3형식 문장의 어순에 해당하지 않는 단어는 뒤에 위치한다.
- 그 순서는 보통 '장소 + 시간' 그리고 나머지 것들의 순이지만 반드시 그런 건 아니다. 엄밀히 말하면 말하고 싶은 전달하고 싶은 중요한 순으로 나열한다. 그것이 영어 문장의 본질이다.
- 그러므로 보통 장소+시간의 순이지만 시간이 장소 앞에 나왔다면 시간을 먼저 언급하고 싶은 것이다. 대표적인 예)
  I was born in 1985, in Seoul. 나이를 언급하고 싶은 표현이며
  I was born in Seoul, in 1985. 고향을 먼저 언급하고 싶은 표현이다.
  위의 두 문장은 한국어 입장에서 보면 똑같지만 영어의 입장에서 보면 약간 뉘앙스가 다르다.

1.3 **buy** (bought, buying, bought) – 현재(과거, 현재분사, 과거분사)

*1인칭 (주어를 'I - 나'로 하는 경우)

1	I buy candy at store with my dad	난 아빠랑 가게에서 사탕을 사
2	I am buying candy at store now with my dad	아빠랑 지금 가게에서 사탕을 사고 있는 중이야
3	I bought candy at store yesterday with my dad	어저께 아빠랑 어제 가게에서 사탕을 샀어
4	I was buying candy at store then with my dad	난 그때 아빠랑 가게에서 사탕을 사고 있었어
5	I have bought candy at store every Monday with my dad	난 아빠랑 월요일마다 가게에서 사탕을 사고 있어
6	I had bought candy at store every Monday with my dad	나는 한 때 월요일마다 아빠랑 가게에서 사탕을 산 적이 있었어
7	I will buy candy at store tomorrow with my dad	내일 아빠랑 가게에서 사탕을 살 거야
8	I will be buying candy at store tomorrow with my dad	내일 아빠랑 가게에서 사탕을 사고 있을 거야

- '장소와 시간 그리고 with+사람'의 나열된 순서를 지켜야 한다. 위치를 바꾸면 의미가 달라지고 뉘앙스도 달라진다. 문장이 길거나 복문장의 경우 이러한 위치를 지키지 않으면 전혀 다른 의미로 바뀔 수도 있으니 꼭 이 순서를 지켜야 한다. 만일 이 순서가 아니라면 분명히 순서를 바꾼 어떤 의도가 있는 것이다.

*2인칭 (주어를 'you - 너'로 하는 경우)

1	You buy candy at store with your dad
2	You are buying candy at store now with your dad
3	You bought candy at store yesterday with your dad
4	You were buying candy at store then with your dad
5	You have bought candy at store every Monday with your dad

6	You had bought candy at store every Monday with your dad
7	You will buy candy at store tomorrow with your dad
8	You will be buying candy at store tomorrow with your dad

● 주어가 'you'이기 때문에 'your dad – 너의 아빠'로 바꾸었다. 물론 내용에 따라서는 'your dad'아닐 수도 있겠다.

*주어를 3인칭 단수로 하는 경우

1	She buys candy at store with her dad	동사 끝에 's'를 붙인다
2	She is buying candy at store now with her dad	be동사가 'is'가 된다 개수를 정하지 않을 때는 관사가 없다.
3	She bought candy at store yesterday with her dad	주어가 'she'이므로 'her dad'로 바꾸었다
4	She was buying candy at store then with her dad	be동사가 'was'가 된다
5	She has bought candy at store every Monday with her dad	have가 'has'로 바뀐다 완료형은 상태를 의미하므로 어떤 기간의 내용이 뒤에 열거될 확률이 높다.
6	She had bought candy at store every Monday with her dad	
7	She will buy candy at store tomorrow with her dad	
8	She will be buying candy at store tomorrow with her dad	확고한 상황이므로 '꼭 ~할거야'의 의미로도 사용된다

*1-현재, 2-현재진행, 3-과거, 4-과거진행, 5-현재완료, 6-과거완료, 7-미래, 8-미래진행

읽기 (1인칭, 2인칭, 3인칭 예문 예문 전체를 읽을 때의 속도)

low	90초	middle	75초	high	60초

읽기 연습용 표

no		no		no	
1		11		21	
2		12		22	
3		13		23	
4		14		24	
5		15		25	
6		16		26	
7		17		27	
8		18		28	
9		19		29	
10		20		30	

- 한번 읽을 때마다 시간을 적고 제시한 속도가 될 때가지 읽어야 헌다. (처음 읽을 때 **low level**, 2번 째 읽을 때 **medium**, 3번째 읽을 때 **high** – 중간에 **high**에 도달하면 더 이상 읽지 않아도 됨)
- 외우지 말고 그냥 읽기만 할 것. 1,2,3인칭에 따라 8가지 시제가 저절로 나와야 한다.
- 이런 훈련은 후반부에 의문문을 만들 때도 아주 유용하다.

- 1,2인칭을 보고 3인칭 부분을 스스로 만들어서 읽기

1	현재	I buy candy at store with my dad
2	현재진행	I am buying candy at store now with my dad
3	과거	I bought candy at store yesterday with my dad
4	과거진행	I was buying candy at store then with my dad
5	현재완료	I have bought candy at store every Monday with my dad
6	과거완료	I had bought candy at store every Monday with my dad
7	미래	I will buy candy at store tomorrow with my dad
8	미래진행	I will be buying candy at store tomorrow with my dad

1	현재	You buy candy at store with your dad
2	현재진행	You are buying candy at store now with your dad
3	과거	You bought candy at store yesterday with your dad
4	과거진행	You were buying candy at store then with your dad
5	현재완료	You have bought candy at store every Monday with your dad
6	과거완료	You had bought candy at store every Monday with your dad
7	미래	You will buy candy at store tomorrow with your dad
8	미래진행	You will be buying candy at store tomorrow with your dad

1	현재	
2	현재진행	
3	과거	
4	과거진행	
5	현재완료	
6	과거완료	
7	미래	
8	미래진행	

- 주어가 바뀌면 목적어, 소유격 등이 달라질 수 있다.
- 시제에 따라 상황이 바뀌는 것도 의식을 해서 해당 시제에 맞는 표현을 해야 한다.

읽기 (1인칭, 2인칭, 3인칭 예문 예문 전체를 읽을 때의 속도)

low	100초	middle	85초	high	70초

읽기 연습용 표

no		no		no	
1		11		21	
2		12		22	
3		13		23	
4		14		24	
5		15		25	
6		16		26	
7		17		27	
8		18		28	
9		19		29	
10		20		30	

- 한번 읽을 때마다 시간을 적고 제시한 속도가 될 때까지 읽어야 헌다. (처음 읽을 때 low level, 2번 째 읽을 때 medium, 3번째 읽을 때 high – 중간에 high에 도달하면 더 이상 읽지 않아도 됨)
- 외우지 말고 그냥 읽기만 할 것. 1,2,3인칭에 따라 8가지 시제가 저절로 나와야 한다.
- 이런 훈련은 후반부에 의문문을 만들 때도 아주 유용하다.

1.4 오늘의 동사 – **eat** (ate, eating, eaten) – 현재(과거, 현재분사, 과거분사)

*1인칭 (주어를 'I – 나'로 하는 경우)

1	I eat two apples home with my friend	나는 친구랑 집에서 사과 2개를 먹어
2	I am eating two apples home now with my friend	나는 친구랑 지금 집에서 사과 2개를 먹고 있는 중이야
3	I ate two apples home last night with my friend	나는 친구랑 어젯밤 집에서 사과 2개를 먹었어
4	I was eating two apples home then with my friend	나는 친구랑 그때 집에서 사과 2개를 먹고 있었어
5	I have eaten two apples home every day with my friend	나는 친구랑 집에서 매일 사과 2개를 먹어 오고 있어
6	I had eaten two apples home every day with my friend	나는 친구랑 집에서 한 때 매일 사과 2개를 먹고 있는 상태였어
7	I will eat two apples home this weekend with my friend	나는 이번 주말 집에서 친구랑 사과 2개를먹을 거야
8	I will be eating two apples home this weekend with my friend	나는 이번 주말에 친구랑 집에서 사과 2개를 먹고 있을 거야

- 'home' 앞에는 전치사가 있어도 되고 없어도 된다. 'home'은 부사의 품사도 있기 때문이다. 부사라는 의미는 이미 그 안에 장소의 의미가 있다는 뜻이다. 당연히 빼도 된다면 안불이려는 경향이 강하게 된다.
- 'go there'하지 'go to there' 하지 않는다. 마찬가지로 'go home'도 되고 'go to home'도 된다. 이 경우 전치사가 있으므로 'home'은 명사이다.

*2인칭 (주어를 'you – 너'로 하는 경우)

1	You eat two apples home with your friend
2	You are eating two apples home now with your friend
3	You ate two apples home last night with your friend
4	You were eating two apples home then with your friend

5	You have eaten two apples home every day with your friend
6	You had eaten two apples home every day with your friend
7	You will eat two apples home this weekend with your friend
8	You will be eating two apples home this weekend with your friend

- 주어가 'you'이기 때문에 'your friend – 너의 친구'로 바꾸었다. 물론 내용에 따라서는 'your friend'가 아닐 수도 있겠다.
- 만일 'with your friend'를 목적어 다음에 위치한다면 그 말을 강조하고 싶은 것이다.

*주어를 3인칭 단수로 하는 경우

1	She eats two apples home with her friend	동사 끝에 's'를 붙인다
2	She is eating two apples home now with her friend	be동사가 'is'가 된다 개수를 정하지 않을 때는 관사가 없다.
3	She ate two apples home last night with her friend	
4	She was eating two apples home then with her friend	be동사가 'was'가 된다
5	She has eaten two apples home every day with her friend	have가 'has'로 바뀐다 완료형은 상태를 의미하므로 어떤 기간의 내용이 뒤에 열거될 확률이 높다.
6	She had eaten two apples home every day with her friend	
7	She will eat two apples home this weekend with her friend	
8	She will be eating two apples home this weekend with her friend	확고한 상황이므로 '꼭 ~할거야'의 의미로도 사용된다

*1-현재, 2-현재진행, 3-과거, 4-과거진행, 5-현재완료, 6-과거완료, 7-미래, 8-미래진행

읽기 (1인칭, 2인칭, 3인칭 예문 전체를 읽을 때의 속도)

low	90초	middle	75초	high	60초

*1,2인칭의 예문들을 보고 3인칭 부분을 스스로 만들어서 읽기

1	현재	I eat two apples home with my friend
2	현재진행	I am eating two apples home now with my friend
3	과거	I ate two apples home last night with my friend
4	과거진행	I was eating two apples home then with my friend
5	현재완료	I have eaten two apples home every day with my friend
6	과거완료	I had eaten two apples home every day with my friend
7	미래	I will eat two apples home this weekend with my friend
8	미래진행	I will be eating two apples home this weekend with my friend

1	현재	You eat two apples home with your friend
2	현재진행	You are eating two apples home now with your friend
3	과거	You ate two apples home last night with your friend
4	과거진행	You were eating two apples home then with your friend
5	현재완료	You have eaten two apples home every day with your friend
6	과거완료	You had eaten two apples home every day with your friend
7	미래	You will eat two apples home this weekend with your friend
8	미래진행	You will be eating two apples home this weekend with your friend

1	현재	
2	현재진행	
3	과거	
4	과거진행	
5	현재완료	
6	과거완료	
7	미래	
8	미래진행	

● 주어가 비끼면 with+목적어도 바뀔 수 있다.

읽기 (1인칭, 2인칭, 3인칭 예문 전체를 읽을 때의 속도)

low	100초	middle	80초	high	70초

읽기 연습용 표

no		no		no	
1		11		21	
2		12		22	
3		13		23	
4		14		24	
5		15		25	
6		16		26	
7		17		27	
8		18		28	
9		19		29	
10		20		30	

- 한번 읽을 때마다 시간을 적고 제시한 속도가 될 때가지 읽어야 헌다. (처음 읽을 때 low level, 2번 째 읽을 때 medium, 3번째 읽을 때 high – 중간에 high에 도달하면 더 이상 읽지 않아도 됨)

1.5 **read**(read, reading, read) – 현재(과거, 현재분사, 과거분사)
  *spell은 같지만 발음은 다르다
*1인칭 (주어를 'I – 나'로 하는 경우)

1	I read a novel at the library with my son	나는 아들이랑 도서관에서 소설책을 읽습니다
2	I am reading a novel at the library now with my son	나는 아들이랑 지금 도서관에서 소설책을 읽고 있는 중입니다
3	I read a novel at the library last weekend with my son	나는 아들이랑 도서관에서 지난 주말에 소설을 읽었습니다
4	I was reading a novel at the library last weekend with my son	나는 도서관에서 지난 주말에 아들이랑 소설을 읽고 있는 중이었어요
5	I have read a novel at the library every Sunday morning with my son	나는 아들이랑 일요일마다 도서관에서 소설을 읽어오고 있습니다
6	I had read a novel at the library every Sunday morning with my son	나는 한 때 도서관에서 일요일마다 아들이랑 소설을 읽은 적이 있습니다
7	I will read a novel at the library next weekend with my son	나는 다음 주말에 아들이랑 도서관에서 소설을 읽으려고 합니다
8	I will be reading a novel at the library next weekend with my son	나는 다음 주말에 아들이랑 도서관에서 소설을 읽고 있을 겁니다

*2인칭 (주어를 'you – 너'로 하는 경우)

1	You read a novel at the library with your son
2	You are reading a novel at the library now with your son
3	You read a novel at the library last weekend with your son
4	You were reading a novel at the library last weekend with your son
5	You have read a novel at the library every Sunday morning with your son
6	You had read a novel at the library every Sunday morning with your son

| 7 | You will read a novel at the library next weekend with your son |
| 8 | You will be reading a novel at the library next weekend with your son |

● 주어가 'you'이기 때문에 'your son - 너의 아들'로 바꾸었다.

*주어를 3인칭 단수로 하는 경우

1	She reads a novel at the library with her son	동사 끝에 's'를 붙인다
2	She is reading a novel at the library now with her son	be동사가 'is'가 된다 개수를 정하지 않을 때는 관사가 없다.
3	She read a novel at the library last weekend with her son	
4	She was reading a novel at the library last weekend with her son	be동사가 'was'가 된다
5	She has read a novel at the library every Sunday morning with her son	have가 'has'로 바뀐다 완료형은 상태를 의미하므로 어떤 기간의 내용이 뒤에 열거될 확률이 높다.
6	She had read a novel at the library every Sunday morning with her son	
7	She will read a novel at the library next weekend with her son	
8	She will be reading a novel at the library next weekend with her son	확고한 상황이므로 '꼭 ~할거야'의 의미로도 사용된다

*1-현재, 2-현재진행, 3-과거, 4-과거진행, 5-현재완료, 6-과거완료, 7-미래, 8-미래진행

읽기 (1인칭, 2인칭, 3인칭 예문 전체를 읽을 때의 속도)

| low | 90초 | middle | 80초 | high | 70초 |

읽기 연습용 표

no		no		no	
1		11		21	
2		12		22	
3		13		23	
4		14		24	
5		15		25	
6		16		26	
7		17		27	
8		18		28	
9		19		29	
10		20		30	

- 한번 읽을 때마다 시간을 적고 제시한 속도가 될 때가지 읽어야 헌다. (처음 읽을 때 low level, 2번 째 medium, 3번째 high – 중간에 high 에 도달하면 더 이상 읽지 않아도 됨)

*1,2 인칭의 예문들을 보고 3인칭 부분을 스스로 만들어서 읽기

1	현재	I read a novel at the library with my son
2	현재진행	I am reading a novel at the library now with my son
3	과거	I read a novel at the library last weekend with my son
4	과거진행	I was reading a novel at the library last weekend with my son
5	현재완료	I have read a novel at the library every Sunday morning with my son
6	과거완료	I had read a novel at the library every Sunday morning with my son
7	미래	I will read a novel at the library next weekend with my son
8	미래진행	I will be reading a novel at the library next weekend with my son

1	현재	You read a novel at the library with your son
2	현재진행	You are reading a novel at the library now with your son
3	과거	You read a novel at the library last weekend with your son
4	과거진행	You were reading a novel at the library last weekend with your son
5	현재완료	You have read a novel at the library every Sunday morning with your son
6	과거완료	You had read a novel at the library every Sunday morning with your son
7	미래	You will read a novel at the library next weekend with your son
8	미래진행	You will be reading a novel at the library next weekend with your son

1	현재	She reads a novel at the library with her son
2	현재진행	
3	과거	
4	과거진행	
5	현재완료	
6	과거완료	
7	미래	
8	미래진행	

읽기 (1인칭, 2인칭, 3인칭 예문 전체를 읽을 때의 속도)

low	100초	**middle**	90초	**high**	80초

읽기 연습용 표

no		no		no	
1		11		21	
2		12		22	
3		13		23	
4		14		24	
5		15		25	
6		16		26	
7		17		27	
8		18		28	
9		19		29	
10		20		30	

● 한번 읽을 때마다 시간을 적고 제시한 속도가 될 때가지 읽어야 헌다. (처음 읽을 때 **low level**, 2번 째 읽을 때 **medium**, 3번째 읽을 때 **high** – 중간에 **high**에 도달하면 더 이상 읽지 않아도 됨)

1.6 **write**(wrote, writing, written) – 현재(과거, 현재분사, 과거분사)

*1인칭 (주어를 'I – 나'로 하는 경우)

1	I write the diary at my study with my daughter	나는 딸과 서재에서 일기를 씁니다
2	I am writing the diary at my study now with my daughter	나는 지금 딸과 서재에서 일기를 쓰고 있는 중입니다
3	I wrote the diary at my study last Saturday with my daughter	나는 지난 일요일 딸이랑 서재에서 함께 일기를 썼어
4	I was writing the diary at my study then with my daughter	나는 그때 딸이랑 서재에서 일기를 쓰고 있었어
5	I have written the diary at my study every Saturday with my daughter	나는 서재에서 매주 토요일이면 딸이랑 일기를 써오고 있지
6	I had written the diary at my study every Saturday with my daughter	딸이랑 서재에서 한때 매주 토요일마다 일기를 쓴 적이 있었어
7	I will write the diary at my study next Saturday with my daughter	나는 다음 토요일 딸과 함께 서재에서 일기를 같이 쓰려고 그래
8	I will be writing the diary at my study next Saturday with my daughter	이번 토요일엔 서재에서 딸이랑 꼭 일기를 쓸 거야

- study 는 명사일 때 '서재'란 뜻이다. 이처럼 영어는 단어가 동사, 명사, 형용사로 다양하게 사용된다.

*2인칭 (주어를 'you – 너'로 하는 경우)

1	You write the diary at your study with your daughter
2	You are writing the diary at your study now with your daughter
3	You wrote the diary at your study last Saturday with your daughter
4	You were writing the diary at your study then with your daughter
5	You have written the diary at your study every Saturday with your daughter

6	You had written the diary at your study every Saturday with your daughter
7	You will write the diary at your study next Saturday with your daughter
8	You will be writing the diary at your study next Saturday with your daughter

*주어를 3인칭 단수로 하는 경우

1	He writes the diary at his study with his daughter	동사 끝에 's'를 붙인다
2	He is writing the diary at his study now with his daughter	be동사가 'is'가 된다 개수를 정하지 않을 때는 관사가 없다.
3	He wrote the diary at his study last Saturday with his daughter	
4	He was writing the diary at his study then with his daughter	be동사가 'was'가 된다
5	He has written the diary at his study every Saturday with his daughter	have가 'has'로 바뀐다 완료형은 상태를 의미하므로 어떤 기간의 내용이 뒤에 열거될 확률이 높다.
6	He had written the diary at his study every Saturday with his daughter	
7	He will write the diary at his study next Saturday with his daughter	
8	He will be writing the diary at his study next Saturday with his daughter	확고한 상황이므로 '꼭 ~할거야'의 의미로도 사용된다

*1-현재, 2-현재진행, 3-과거, 4-과거진행, 5-현재완료, 6-과거완료, 7-미래, 8-미래진행

읽기 (1인칭, 2인칭, 3인칭 예문 전체를 읽을 때의 속도)

low	90초	middle	80초	high	70초

읽기 연습용 표

no		no		no	
1		11		21	
2		12		22	
3		13		23	
4		14		24	
5		15		25	
6		16		26	
7		17		27	
8		18		28	
9		19		29	
10		20		30	

1인칭의 예문들을 보고 2, 3인칭 부분을 스스로 만들어서 읽기

1	현재	I write the diary at my study with my daughter
2	현재진행	I am writing the diary at my study now with my daughter
3	과거	I wrote the diary at my study last Saturday with my daughter
4	과거진행	I was writing the diary at my study then with my daughter
5	현재완료	I have written the diary at my study every Saturday with my daughter
6	과거완료	I had written the diary at my study every Saturday with my daughter
7	미래	I will write the diary at my study next Saturday with my daughter
8	미래진행	I will be writing the diary at my study next Saturday with my daughter

1	현재	You write the diary at your study with your daughter
2	현재진행	
3	과거	
4	과거진행	
5	현재완료	
6	과거완료	
7	미래	
8	미래진행	

1	현재	He writes the diary at his study with his daughter
2	현재진행	
3	과거	
4	과거진행	
5	현재완료	
6	과거완료	
7	미래	
8	미래진행	

읽기 (1인칭, 2인칭, 3인칭 예문 전체를 읽을 때의 속도)

low	100초	middle	90초	high	80초

읽기 연습용 표

no		no		no	
1		11		21	
2		12		22	
3		13		23	
4		14		24	
5		15		25	
6		16		26	
7		17		27	
8		18		28	
9		19		29	
10		20		30	

1.7 **study** (studied, studying, studied) – 현재(과거, 현재분사, 과거분사)

*1인칭 (주어를 'I - 나'로 하는 경우)

1	I study the history at the museum once a week with my classmates	나는 반 친구들과 일주일에 한번 박물관에서 역사를 공부한다
2	I am studying the history at the museum now with my classmates	나는 지금 반 친구들과 박물관에서 역사를 공부 중이다
3	I studied the history at the museum for a week with my classmates	나는 일주일 동안 반 친구들과 박물관에서 역사를 공부했다
4	I was studying the history at the museum for a few hours with my classmates	나는 한 시간 동안 반 친구들과 박물관에서 역사를 공부하고 있었다
5	I have studied the history at the museum for a month with my classmates	나는 한달 동안 반 친구들과 박물관에서 역사를 공부했다
6	I had studied the history at the museum for a month with my classmates	나는 한달 동안 박물관에서 반 친구들과 역사를 공부했던 적이 있었다
7	I will study the history at the museum for a year with my classmates	나는 반 친구들과 일년 동안 박물관에서 역사 공부를 하려고 한다
8	I will be studying the history at the museum for a year with my classmates	나는 반 친구들과 일년 동안 박물관에서 꼭 역사 공부를 할 것이다

*2인칭 (주어를 'we - 우리'로 하는 경우)

1	We study the history at the museum once a week with our classmates
2	We are studying the history at the museum now with our classmates
3	We studied the history at the museum for a week with our classmates
4	We were studying the history at the museum for a few hours with our classmates

5	We have studied the history at the museum for a month with our classmates
6	We had studied the history at the museum for a month with our classmates
7	We will study the history at the museum for a year with our classmates
8	We will be studying the history at the museum for a year with our classmates

*주어를 3인칭 단수로 하는 경우

1	My friend studies the history at the museum once a week with his classmates
2	My friend is studying the history at the museum now with his classmates
3	My friend studied the history at the museum for a week with his classmates
4	My friend was studying the history at the museum for a few hours with his classmates
5	My friend has studied the history at the museum for a month with his classmates
6	My friend had studied the history at the museum for a month with his classmates
7	My friend will study the history at the museum for a year with his classmates
8	My friend will be studying the history at the museum for a year with his classmates

*1-현재, 2-현재진행, 3-과거, 4-과거진행, 5-현재완료, 6-과거완료, 7-미래, 8-미래진행

읽기 (1인칭, 2인칭, 3인칭 예문 전체를 읽을 때의 속도)

low	110초	middle	95초	high	75초

읽기 연습용 표

no		no		no	
1		11		21	
2		12		22	
3		13		23	
4		14		24	
5		15		25	
6		16		26	
7		17		27	
8		18		28	
9		19		29	
10		20		30	

- 한번 읽을 때마다 시간을 적고 제시한 속도가 될 때가지 읽어야 헌다. (처음 읽을 때 low level, 2번 째 읽을 때 medium, 3번째 읽을 때 high – 중간에 high에 도달하면 더 이상 읽지 않아도 됨)

1인칭에서는 빈 시제를 만들어 읽고 2, 3인칭에서는 현재형을 보고 나머지 시제를 만들어 읽기

1	현재	I study the history at the museum once a week with my classmates
2	현재진행	
3	과거	I studied the history at the museum for a week with my classmates
4	과거진행	
5	현재완료	I have studied the history at the museum for a month with my classmates
6	과거완료	
7	미래	I will study the history at the museum for a year with my classmates
8	미래진행	

1	현재	위의 문장을 보고 주어 'I'를 'We'로 바꾸어 스스로 만들어 읽기
2	현재진행	
3	과거	
4	과거진행	
5	현재완료	
6	과거완료	
7	미래	
8	미래진행	

1	현재	위의 문장을 보고 My friend로 주어를 바꾸어 스스로 만들어 읽기
2	현재진행	
3	과거	
4	과거진행	
5	현재완료	
6	과거완료	
7	미래	
8	미래진행	

읽기 (1인칭, 2인칭, 3인칭 예문 전체를 읽을 때의 속도)

| low | 120초 | middle | 100초 | high | 80초 |

읽기 연습용 표

no		no		no	
1		11		21	
2		12		22	
3		13		23	
4		14		24	
5		15		25	
6		16		26	
7		17		27	
8		18		28	
9		19		29	
10		20		30	

● 한번 읽을 때마다 시간을 적고 제시한 속도가 될 때가지 읽어야 헌다. (처음 읽을 때 low level, 2번 째 읽을 때 medium, 3번째 읽을 때 high – 중간에 high에 도달하면 더 이상 읽지 않아도 됨)

1.8 **hear** (heard, hearing, heard) - 현재(과거, 현재분사, 과거분사)
*1인칭 (주어를 'I - 나'로 하는 경우)

1	I hear strange sound from outside sometimes with my kid	나는 가끔 우리 애랑 밖에서 이상한 소리를 들어요
2	I am hearing strange sound from outside now with my kid	나는 지금 우리 애랑 밖에서 이상한 소리를 듣고 있어요
3	I heard strange sound from outside all day long yesterday with my kid	나는 하루 종일 밖에서 이상한 소리를 우리 애랑 같이 들었어요
4	I was hearing strange sound from outside at the night with my kid	나는 그날 밤 우리 애랑 밖에서 나는 이상한 소리를 듣고 있었어요
5	I have heard strange sound from outside every holiday with my kid	나는 휴일마다 밖에서 이상한 소리를 우리 애랑 들어요
6	I had heard strange sound from outside every holiday with my kid	한 때 우리 애랑 나는 밖에서 이상한 소리가 나는 걸 휴일마다 들었어요
7	I will hear strange sound from outside from tomorrow with my kid	내일 밖에서 이상한 소리가 나는 걸 우리 애랑 듣게 될 거에요
8	I will be hearing strange sound from outside from tomorrow with my kid	내일 밖에서 이상한 소리가 나는 걸 우리 애랑 꼭 듣게 될 거에요

*2인칭 (주어를 'we - 우리'로 하는 경우)

1	We hear strange sound from outside sometimes with our kids
2	We are hearing strange sound from outside now with our kids
3	We heard strange sound from outside all day long yesterday with our kids
4	We were hearing strange sound from outside at the night with our kids
5	We have heard strange sound from outside every holiday with our kids
6	We had heard strange sound from outside every holiday with our kids
7	We will hear strange sound from outside from tomorrow with our kids

8	We will be hearing strange sound from outside from tomorrow with our kids

- '듣다'는 hear, listen 두 가지가 다 동사로 사용된다. 저절로 들리거나 그냥 의미없이 듣는 것은 'hear', 음악이나 라디오처럼 의도를 갖고 길게 듣는 것은 'listen to'를 사용한다. 'listen' 뒤에는 거의 'to'가 붙는다.

*주어를 3인칭 단수로 하는 경우

1	My mom hears strange sound from outside sometimes with my kid
2	My mom is hearing strange sound from outside now with my kid
3	My mom heard strange sound from outside all day long yesterday with my kid
4	My mom was hearing strange sound from outside at the night with my kid
5	My mom has heard strange sound from outside every holiday with my kid
6	My mom had heard strange sound from outside every holiday with my kid
7	My mom will hear strange sound from outside from tomorrow with my kid
8	My mom will be hearing strange sound from outside from tomorrow with my kid

*1-현재, 2-현재진행, 3-과거, 4-과거진행, 5-현재완료, 6-과거완료, 7-미래, 8-미래진행

읽기 (1인칭, 2인칭, 3인칭 예문 전체를 읽을 때의 속도)

low	110초	middle	95초	high	75초

읽기 연습용 표

no		no		no	
1		11		21	
2		12		22	
3		13		23	
4		14		24	
5		15		25	
6		16		26	
7		17		27	
8		18		28	
9		19		29	
10		20		30	

- 한번 읽을 때마다 시간을 적고 제시한 속도가 될 때까지 읽어야 헌다. (처음 읽을 때 low level, 2번 째 읽을 때 medium, 3번째 읽을 때 high – 중간에 high에 도달하면 더 이상 읽지 않아도 됨)
- 외우지 말고 그냥 읽기만 할 것. 1,2,3인칭에 따라 8가지 시제가 저절로 나와야 한다.

1인칭은 진행형을 만들어 읽고 2, 3인칭에서는 현재형을 보고 나머지 시제를 만들어 읽기

1	현재	I hear strange sound from outside sometimes with my kid
2	현재진행	
3	과거	I heard strange sound from outside all day long yesterday with my kid
4	과거진행	
5	현재완료	I have heard strange sound from outside every holiday with my kid
6	과거완료	
7	미래	I will hear strange sound from outside from tomorrow with my kid
8	미래진행	

1	현재	We hear strange sound from outside sometimes with our kids
2	현재진행	
3	과거	
4	과거진행	
5	현재완료	
6	과거완료	
7	미래	
8	미래진행	

1	현재	위의 문장에서 **My mom**으로 주어를 바꾸어 스스로 만들어 읽을 것
2	현재진행	
3	과거	
4	과거진행	
5	현재완료	
6	과거완료	
7	미래	
8	미래진행	

읽기 (1인칭, 2인칭, 3인칭 예문 전체를 읽을 때의 속도)

low	120초	middle	100초	high	80초

읽기 연습용 표

no		no		no	
1		11		21	
2		12		22	
3		13		23	
4		14		24	
5		15		25	
6		16		26	
7		17		27	
8		18		28	
9		19		29	
10		20		30	

- 한번 읽을 때마다 시간을 적고 제시한 속도가 될 때가지 읽어야 헌다. (처음 읽을 때 low level, 2번 째 읽을 때 medium, 3번째 읽을 때 high – 중간에 high에 도달하면 더 이상 읽지 않아도 됨)
- 외우지 말고 그냥 읽기만 할 것. 1,2,3인칭에 따라 8가지 시제가 저절로 나와야 한다.

1.9 **listen** (listened, listening, listened) - 현재(과거, 현재분사, 과거분사)
   *저절로 들리지 않고 일부러 오래 듣는 것은 hear대신 listen을 사용
*1인칭 (주어를 'I - 나'로 하는 경우)

1	I listen to jazz music with my boyfriend at café every other day	나는 카페에서 이틀에 한번씩 남자친구랑 재즈 음악을 들어요
2	I am listening to jazz music with my boyfriend at café now	나는 지금 카페에서 남자친구랑 재즈를 듣고 있어요
3	I listened to jazz music with my boyfriend at café all night	나는 밤새 남자친구랑 카페에서 재즈를 들었어요
4	I was listening to jazz music with my boyfriend at café then	나는 그때 남자친구랑 카페에서 재즈를 듣고 있는 중이었어요
5	I have listened to jazz music with my boyfriend at café every holiday	나는 휴일이면 늘 남자친구랑 카페에서 재즈를 듣고 있어요
6	I had listened to jazz music with my boyfriend at café every holiday	나는 한동안 휴일이면 늘 남자친구랑 카페에서 재즈를 들었어요
7	I will listen to jazz music with my boyfriend at café next holiday	나는 다음 휴일에 남자친구랑 카페에서 재즈를 들으려고 해요
8	I will be listening to jazz music with my boyfriend at café next holiday	나는 다음 휴일에 남자친구랑 카페에서 재즈를 꼭 들을 거에요

*2인칭 (주어를 'they - 그들'로 하는 경우)

1	They listen to jazz music with their friends at café every other day
2	They are listening to jazz music with their friends at café now
3	They listened to jazz music with their friends at café all night
4	They were listening to jazz music with their friends at café then
5	They have listened to jazz music with their friends at café every holiday
6	They had listened to jazz music with their friends at café every holiday
7	They will listen to jazz music with their friends at café next holiday
8	They will be listening to jazz music with their friends at café next holiday

*주어를 3인칭 단수로 하는 경우

1	My father listens to jazz music with his friend at café every other day
2	My father is listening to jazz music with his friend at café now
3	My father listened to jazz music with his friend at café all night
4	My father was listening to jazz music with his friend at café then
5	My father has listened to jazz music with his friend at café every holiday
6	My father had listened to jazz music with his friend at café every holiday
7	My father will listen to jazz music with his friend at café next holiday
8	My father will be listening to jazz music with his friend at café next holiday

*1-현재, 2-현재진행, 3-과거, 4-과거진행, 5-현재완료, 6-과거완료, 7-미래, 8-미래진행

읽기 (1인칭, 2인칭, 3인칭 예문 전체를 읽을 때의 속도)

low	100초	**middle**	90초	**high**	80초

읽기 연습용 표

no		no		no	
1		11		21	
2		12		22	
3		13		23	
4		14		24	
5		15		25	
6		16		26	
7		17		27	
8		18		28	
9		19		29	
10		20		30	

- 한번 읽을 때마다 시간을 적고 제시한 속도가 될 때가지 읽어야 헌다. (처음 읽을 때 low level, 2번 째 읽을 때 medium, 3번째 읽을 때 high - 중간에 high에 도달하면 더 이상 읽지 않아도 됨)
- 외우지 말고 그냥 읽기만 할 것. 1,2,3인칭에 따라 8가지 시제가 저절로 나와야 한다.

1인칭에서는 현재형을 보고 나머지 빈 칸을 채우고 2, 3인칭은 1인칭 예문의 주어를 바꾸어 읽는다.

1	현재	I listen to jazz music with my boyfriend at café every other day
2	현재진행	
3	과거	
4	과거진행	
5	현재완료	
6	과거완료	
7	미래	
8	미래진행	

1	현재	위의 예문에서 주어를 'They'로 바꾸어 나머지 시제를 만들어 읽기
2	현재진행	
3	과거	
4	과거진행	
5	현재완료	
6	과거완료	
7	미래	
8	미래진행	

1	현재	위의 문장에서 'my father'로 주어를 바꾸어 스스로 만들어 읽기
2	현재진행	
3	과거	
4	과거진행	
5	현재완료	
6	과거완료	
7	미래	
8	미래진행	

읽기 (1인칭, 2인칭, 3인칭 예문 전체를 읽을 때의 속도)

| low | 120초 | middle | 110초 | high | 100초 |

읽기 연습용 표

no		no		no	
1		11		21	
2		12		22	
3		13		23	
4		14		24	
5		15		25	
6		16		26	
7		17		27	
8		18		28	
9		19		29	
10		20		30	

- 한번 읽을 때마다 시간을 적고 제시한 속도가 될 때가지 읽어야 헌다. (처음 읽을 때 low level, 2번 째 읽을 때 medium, 3번째 읽을 때 high – 중간에 high에 도달하면 더 이상 읽지 않아도 됨)
- 외우지 말고 그냥 읽기만 할 것. 1,2,3인칭에 따라 8가지 시제가 저절로 나와야 한다.

1.10 **live** (lived, living, lived) – 현재(과거, 현재분사, 과거분사)

*보통 live는 진행형이 잘 사용되지 않지만 강조하려고 쓸 때도 있다.
(My father is still living in my heart ; 우리 아버지는 여전히 내 가슴 속에 살아 있어요)

*1인칭 (주어를 'I – 나'로 하는 경우)

1	I live in Seoul with my family	나는 식구들과 함께 서울에 살아요
2	I am living in Seoul with my family	나는 식구들과 함께 서울에 살려고 해요
	*이 경우 진행형은 '곧 살겠다는' 이미 결심한 상태의 실행만 남은 경우 사용한다	
3	I lived in Seoul with my family	나는 식구랑 서울에 살았어요
4	I was living in Seoul with my family	나는 식구들이랑 서울에 살려고 했어요
	*이 경우 진행형은 과거에 한 때 '곧 살겠다는' 이미 결심한 상태의 마음을 이야기 하는 것이다	
5	I have lived in Seoul with my family	나는 식구들과 쭉 서울에 살고 있어요
6	I had lived in Seoul with my family	나는 한때 식구들과 서울에 살았어요
7	I will live in Seoul with my family	나는 식구들과 서울에 살 거에요
8	I will be living in Seoul with my family	나는 식구들과 꼭 서울에서 살 거에요
	*미래 진행형은 강력한 의지의 표현으로 주로 사용된다. (또는 완전히 예정이 되어 있을 때도)	

*2인칭 (주어를 'they – 그들'로 하는 경우)

1	They live in Seoul with their family
2	They are living in Seoul with their family
3	They lived in Seoul with their family
4	They were living in Seoul with their family
5	They have lived in Seoul with their family
6	They had lived in Seoul with their family
7	They will live in Seoul with their family
8	They will be living in Seoul with their family

*주어를 3인칭 단수로 하는 경우

1	My girlfriend lives in Seoul with her family
2	My girlfriend is living in Seoul with her family
3	My girlfriend lived in Seoul with her family
4	My girlfriend was living in Seoul with her family
5	My girlfriend lived in Seoul with her family
6	My girlfriend had lived in Seoul with her family
7	My girlfriend will live in Seoul with her family
8	My girlfriend will be living in Seoul with her family

*1-현재, 2-현재진행, 3-과거, 4-과거진행, 5-현재완료, 6-과거완료, 7-미래, 8-미래진행

읽기 (1인칭, 2인칭, 3인칭 예문 전체를 읽을 때의 속도)

low	70초	middle	60초	high	50초

읽기 연습용 표

no		no		no	
1		11		21	
2		12		22	
3		13		23	
4		14		24	
5		15		25	
6		16		26	
7		17		27	
8		18		28	
9		19		29	
10		20		30	

- 한번 읽을 때마다 시간을 적고 제시한 속도가 될 때가지 읽어야 헌다. (처음 읽을 때 low level, 2번 째 읽을 때 medium, 3번째 읽을 때 high – 중간에 high에 도달하면 더 이상 읽지 않아도 됨)
- 외우지 말고 그냥 읽기만 할 것. 1,2,3인칭에 따라 8가지 시제가 저절로 나와야 한다.

- 1인칭은 진행형예문들을 만들어 읽고 2, 3인칭에서는 현재형을 보고 시제를 만들어 읽기

1	현재	I live in Seoul with my family
2	현재진행	
3	과거	
4	과거진행	
5	현재완료	
6	과거완료	
7	미래	
8	미래진행	

1	현재	위의 예문에서 주어를 'They'로 바꾸어 나머지 시제를 만들어 읽기
2	현재진행	
3	과거	
4	과거진행	
5	현재완료	
6	과거완료	
7	미래	
8	미래진행	

1	현재	위의 문장에서 'my girlfriend'로 주어를 바꾸어 스스로 만들어 읽기
2	현재진행	
3	과거	
4	과거진행	
5	현재완료	
6	과거완료	
7	미래	
8	미래진행	

읽기 (1인칭, 2인칭, 3인칭 예문 전체를 읽을 때의 속도)

low	80초	middle	70초	high	60초

읽기 연습용 표

no		no		no	
1		11		21	
2		12		22	
3		13		23	
4		14		24	
5		15		25	
6		16		26	
7		17		27	
8		18		28	
9		19		29	
10		20		30	

- 한번 읽을 때마다 시간을 적고 제시한 속도가 될 때가지 읽어야 헌다. (처음 읽을 때 low level, 2번 째 읽을 때 medium, 3번째 읽을 때 high – 중간에 high에 도달하면 더 이상 읽지 않아도 됨)
- 외우지 말고 그냥 읽기만 할 것. 1,2,3인칭에 따라 8가지 시제가 저절로 나와야 한다.

1.11 **be** (am(is, are), being, was(were), been)-원형(현재,현재분사,과거,과거분사)
11-1
*1인칭 (주어를 'I - 나'로 하는 경우)

1	I am very tired	나는 매우 피곤하다
2	I am being very tired now	나는 지금 아주 피곤해 하고 있어
3	I was very tired then	나는 그때 매우 피곤했어
4	I was being very tired then	나는 그때 아주 피곤해 하고 있었어
5	I have been very tired these days	나는 요즘 쭉 피곤한 상태야
6	I had been very tired	나는 한때 피곤한 상태로 있었어
7	I will be very tired from tomorrow	나는 내일부터 매우 피곤해 질 거야
8	I will be being very tired at this time tomorrow	나는 내일 이 맘 때 아주 피곤하게 될 거야

*2인칭 (주어를 'Friends of mine - 친한 친구들'로 하는 경우)
위의 해석을 보고 아래를 직접 한번 해석해 보기 바람

1	Friends of mine are always happy
2	Friends of mine are being happy now
3	Friends of mine were happy last night
4	Friends of mine were being happy then
5	Friends of mine have been always happy for a while
6	Friends of mine had been always happy for a while
7	Friends of mine will be always happy in the future
8	Friends of mine will be being happy in the future

● 'be' 동사는 '존재하다'의 의미이다. be 앞에 **not**을 붙이면 존재를 부정하기 때문에 그 의도가 아니라면 사용하지 않는다. (관습적으로 줄여서 말하기 위해 will not be, can not be…등 사용한다.)
● 'be' 동사는 우리말에서 사용되지 않는 단어이다. 그래서 어렵다. 우리말에는 없고 영어에만 존재하는 단어는 개념이 쉽게 와 닿지 않는다. 영어 문장에서는 매우 중요한 단어이다.
● 'to be or not to be'는 '죽느냐 사느냐'가 아니라 '존재냐 존재하지 않는 것인가'를 의미

주어를 'A friend of mine – 아주 친한 친구' 3인칭 단수로 하는 경우

1	A friend of mine is an artist
2	A friend of mine is being an artist
3	A friend of mine was an artist
4	A friend of mine was being an artist
5	A friend of mine has been an artist
6	A friend of mine had been an artist
7	A friend of mine will be a great artist in the future
8	A friend of mine will be being a great artist in the future

*1-현재, 2-현재진행, 3-과거, 4-과거진행, 5-현재완료, 6-과거완료, 7-미래, 8-미래진행

- 명사의 첫 자가 모음이면 그 앞의 부정관사는 'a' 대신 'an'을 사용한다. 그러나 명사 앞에 모음이 아닌 부사나 형용사가 있으면 부정관사는 여전히 'a'를 사용한다.

읽기 (1인칭, 2인칭, 3인칭 예문 전체를 읽을 때의 속도)

low	80초	**middle**	70초	**high**	60초

읽기 연습용 표

no		no		no	
1		11		21	
2		12		22	
3		13		23	
4		14		24	
5		15		25	
6		16		26	
7		17		27	
8		18		28	
9		19		29	
10		20		30	

- 한번 읽을 때마다 시간을 적고 제시한 속도가 될 때까지 읽어야 헌다. (처음 읽을 때 low level, 2번 째 읽을 때 medium, 3번째 읽을 때 high – 중간에 high에 도달하면 더 이상 읽지 않아도 됨)
- 외우지 말고 그냥 읽기만 할 것. 1,2,3인칭에 따라 8가지 시제가 저절로 나와야 한다.

● 다음의 각 현재형 예문을 보고 나머지 시제를 스스로 만들어서 읽기

1	현재	I am very tired
2	현재진행	
3	과거	
4	과거진행	
5	현재완료	
6	과거완료	
7	미래	
8	미래진행	

1	현재	Friends of mine are always happy
2	현재진행	
3	과거	
4	과거진행	
5	현재완료	
6	과거완료	
7	미래	
8	미래진행	

1	현재	A friend of mine is an artist
2	현재진행	
3	과거	
4	과거진행	
5	현재완료	
6	과거완료	
7	미래	
8	미래진행	

읽기 (1인칭, 2인칭, 3인칭 예문 전체를 읽을 때의 속도)

low	80초	middle	70초	high	60초

읽기 연습용 표

no		no		no	
1		11		21	
2		12		22	
3		13		23	
4		14		24	
5		15		25	
6		16		26	
7		17		27	
8		18		28	
9		19		29	
10		20		30	

- 한번 읽을 때마다 시간을 적고 제시한 속도가 될 때가지 읽어야 헌다. (처음 읽을 때 low level, 2번 째 읽을 때 medium, 3번째 읽을 때 high – 중간에 high에 도달하면 더 이상 읽지 않아도 됨)
- 외우지 말고 그냥 읽기만 할 것. 1,2,3인칭에 따라 8가지 시제가 저절로 나와야 한다.

11-2 주어를 'It - 가인칭 주어'로 하는 경우

1	It is nice to meet you	당신을 만나서 반갑습니다
3	It was nice to meet you	당신을 만나서 반가웠습니다
5	It has been nice to see you	너를 보게 되어 그 동안 반가웠어
6	It had been nice to see you	그때 너를 보게 되어 한동안 반가웠어
7	It will be nice to see you tomorrow	내일 너를 보면 반가울 거야

1	It is easy for me to play golf	나한테 골프는 쉬워요
3	It was easy for me to play golf	나한테 골프는 쉬웠어
5	It has been easy for me to play golf	지금까지는 골프는 나한테 쉬워
6	It had been easy for me to play golf	한 때 골프는 나한테 쉬웠지
7	It will be easy for me to play golf	골프가 나한테는 쉬울 거야

*운동에는 관사를 붙이지 않는다. (만일 붙이면 'a' – 한 개를 갖고 노는 것이 된다.)

1	It is easy for him to play the guitar	기타 연주는 그에겐 쉬워
3	It was easy for him to play the guitar	기타 치는 게 그에겐 쉬웠지
5	It has been still easy for him to play the guitar	아직은 기타 치는 게 그에겐 쉬운데(쉬운 상태야)
6	It had been easy for him to play the guitar	한동안은 기타가 그에겐 쉬웠지
7	It will be easy for him to play the guitar	그에겐 기타는 쉬울 거야

*악기에는 정관사 'the'를 붙인다

읽기 (1인칭, 2인칭, 3인칭 예문 전체를 읽을 때의 속도)

low	50초	middle	40초	high	30초

읽기 연습용 표

no		no		no	
1		11		21	
2		12		22	
3		13		23	
4		14		24	
5		15		25	
6		16		26	
7		17		27	
8		18		28	
9		19		29	
10		20		30	

● 한번 읽을 때마다 시간을 적고 제시한 속도가 될 때가지 읽어야 헌다.

● 다음의 첫 문장을 보고 나머지 시제를 스스로 만들어 읽기

현재	It is nice to meet you
과거	
현재완료	
과거완료	
미래	

현재	It is easy for me to play golf
과거	
현재완료	
과거완료	
미래	

현재	It is easy for him to play the guitar
과거	
현재완료	
과거완료	
미래	

| **low** | 60초 | **middle** | 50초 | **high** | 40초 |

읽기 연습용 표

no		no		no	
1		11		21	
2		12		22	
3		13		23	
4		14		24	
5		15		25	
6		16		26	
7		17		27	
8		18		28	
9		19		29	
10		20		30	

Chapter 2. 부정문 익히기

tell, want, go, drink, help

2.1 **tell** (told, telling, told) – 현재(과거, 현재분사, 과거분사)
- 긍정문과 부정문 익히기

*1인칭 (주어를 'I – 나'로 하는 경우)

1	I usually tell the story at my office	그 이야기는 보통 내 사무실에서 하지
2	I am telling the story at my office now	지금 그 얘기를 사무실서 하는 중이야
3	I told the story at my office the day before yesterday	그저께 그 이야기를 내 사무실에서 했어
4	I was telling the story at my office two mornings ago	두 달 전 그 이야기를 사무실서 하고 있었지
5	I have told the story at my office since the night before last	그저께 밤 이후부터 내 사무실에서 그 이야기를 계속 해오고 있는 상태야
6	I had told the story at my office since the night before last	그저께 밤 이후로 내 사무실에서 그 얘기를 한동안 했었지
7	I will tell the story at my office the day after tomorrow	그 얘기를 모레 내 사무실에서 하려고 해
8	I will be telling the story at my office the day after tomorrow	그 얘기를 모레 내 사무실에서 하고 있을 거야

● *부사는 보통 강조하고 싶은 단어 앞에 위치한다. (부사는 성격상 동사를 강조하는 경우가 많기는 하다)

*2인칭 (주어를 'you – 당신'으로 하는 경우)

1	You usually tell the story at your office
2	You are telling the story at your office now
3	You told the story at your office the day before yesterday
4	You were telling the story at your office two mornings ago
5	You have told the story at your office since the night before last
6	You had told the story at your office since the night before last
7	You will tell the story at your office the day after tomorrow
8	You will be telling the story at your office the day after tomorrow

*주어를 'she – 그 여자' 3인칭 단수로 하는 경우

1	She usually tells the story at her office
2	She is telling the story at her office now
3	She told the story at her office the day before yesterday
4	She was telling the story at her office two mornings ago
5	She has told the story at her office since the night before last
6	She had told the story at her office since the night before last
7	She will tell the story at her office the day after tomorrow
8	She will be telling the story at her office the day after tomorrow

*1-현재, 2-현재진행, 3-과거, 4-과거진행, 5-현재완료, 6-과거완료, 7-미래, 8-미래진행

읽기 (1인칭, 2인칭, 3인칭 예문 전체를 읽을 때의 속도)

low	90초	**middle**	80초	**high**	70초

읽기 연습용 표

no		no		no	
1		11		21	
2		12		22	
3		13		23	
4		14		24	
5		15		25	
6		16		26	
7		17		27	
8		18		28	
9		19		29	
10		20		30	

- 한번 읽을 때마다 시간을 적고 제시한 속도가 될 때가지 읽어야 헌다.
- 처음 읽을 때 low level, 2번 째 읽을 때 medium, 3번째 읽을 때 high – 중간에 high에 도달하면 더 이상 읽지 않아도 됨.

- **부정문 익히기 (위의 긍정문으로)**
*1인칭 (주어를 'I - 나'로 하는 경우)

1	I don't tell the story at my office	그 이야기는 사무실에선 안 해
2	I am not telling the story at my office now	사무실서 지금 그 얘기를 하고 있지는 않아
3	I didn't tell the story at my office the day before yesterday	그저께 그 이야기를 내 사무실에서 하진 않았어
4	I was not telling the story at my office two mornings ago	두 달 전 그 이야기를 사무실서 하고 있지 않았어
5	I have not told the story at my office since the night before last	그저께 밤 이후부터 내 사무실에서 그 이야기를 하지 않고 있는 상태야
6	I had not told the story at my office since the night before last	그저께 밤 이후로 내 사무실에서 그 얘기를 한동안 하지 않았지
7	I will not tell the story at my office the day after tomorrow	그 얘기를 모레는 내 사무실에서 하지 않을 거야
8	I will not be telling the story at my office the day after tomorrow	그 얘기를 모레는 내 사무실에서 하고 있지 않을 거야

*2인칭 (주어를 'you - 당신'으로 하는 경우)

1	You don't tell the story at your office
2	You are not telling the story at your office now
3	You didn't tell the story at your office the day before yesterday
4	You were not telling the story at your office two mornings ago
5	You have not told the story at your office since the night before last
6	You had not told the story at your office since the night before last
7	You will not tell the story at your office the day after tomorrow
8	You will not be telling the story at your office the day after tomorrow

● **not**의 위치는 강조하고 싶은 앞에 위치한다. 여기선 동사의 앞이 된다. 조동사 뒤가 아니다.

*주어를 'she – 그 여자' 3인칭 단수로 하는 경우

1	She doesn't tell the story at her office
2	She is not telling the story at her office now
3	She didn't tell the story at her office the day before yesterday
4	She was not telling the story at her office two mornings ago
5	She has not told the story at her office since the night before last
6	She had not told the story at her office since the night before last
7	She will not tell the story at her office the day after tomorrow
8	She will not be telling the story at her office the day after tomorrow

*1-현재, 2-현재진행, 3-과거, 4-과거진행, 5-현재완료, 6-과거완료, 7-미래, 8-미래진행

읽기 (1인칭, 2인칭, 3인칭 예문 전체를 읽을 때의 속도)

low	100초	**middle**	90초	**high**	80초

읽기 연습용 표

no		no		no	
1		11		21	
2		12		22	
3		13		23	
4		14		24	
5		15		25	
6		16		26	
7		17		27	
8		18		28	
9		19		29	
10		20		30	

2.2 **want** (wanted, wanting, wanted) – 현재(과거, 현재분사, 과거분사)
- 긍정문과 부정문 익히기

*1인칭 (주어를 'I - 나'로 하는 경우)

1	I want to play the piano in a concert hall with her	난 그녀와 콘서트 홀에서 피아노를 연주하고 싶어
3	I wanted to play the piano in a concert hall with her	난 그녀와 콘서트 홀에서 피아노를 연주하고 싶었어
5	I have wanted to play the piano in a concert hall since last summer with her	난 지난 여름부터 쭉 그녀와 콘서트 홀에서 피아노를 연주하고 싶었어
6	I had wanted to play the piano in a concert hall since last summer with her	지난 여름부터 그녀와 콘서트 홀에서 피아노를 연주하고 싶었지
7	I will want to play the piano in a concert hall at the beginning of next year	난 그녀와 내년 초에 콘서트 홀에서 피아노를 연주하고 싶을 거야

*2인칭 (주어를 'you - 당신'으로 하는 경우)

1	You want to play the piano in a concert hall with her
3	You wanted to play the piano in a concert hall with her
5	You have wanted to play the piano in a concert hall since last summer
6	You had wanted to play the piano in a concert hall since last summer with
7	You will want to play the piano in a concert hall at the beginning of next year with her

*1-현재, 3-과거, 5-현재완료, 6-과거완료, 7-미래

- 'want'는 기본적으로 진행형을 사용하지 않는다. 'live, want, like, love, wake' 등과 같이 상태를 의미하는 동사들('상태동사'라고 함)은 진행형을 잘 사용하지 않는다. 그렇지만 강조를 위해 종종 사용된다. (*문법에서 상태동사는 진행형을 사용하지 않는다고 되어 있는 건 완전 잘못이다.)
- *팝송 가사 중에서 'I am wanting you', 'I am loving you'
- '김수환 추기경 is still living in my heart. (김수환 추기경은 여전히 내 가슴 속에 살아계세요)

*주어를 'he - 그는' 3인칭 단수로 하는 경우

1	He wants to play the piano in a concert hall with her
3	He wanted to play the piano in a concert hall with her
5	He has wanted to play the piano in a concert hall since last summer with her
6	He had wanted to play the piano in a concert hall since last summer with her
7	He will want to play the piano in a concert hall at the beginning of next year with her

*1-현재, 3-과거, 5-현재완료, 6-과거완료, 7-미래

읽기 (1인칭, 2인칭, 3인칭 예문 전체를 읽을 때의 속도)

low	60초	middle	50초	high	40초

읽기 연습용 표

no		no		no	
1		11		21	
2		12		22	
3		13		23	
4		14		24	
5		15		25	
6		16		26	
7		17		27	
8		18		28	
9		19		29	
10		20		30	

- 한번 읽을 때마다 시간을 적고 제시한 속도가 될 때가지 읽어야 헌다.
- 처음 읽을 때 low level, 2번 째 읽을 때 medium, 3번째 읽을 때 high - 중간에 high에 도달하면 더 이상 읽지 않아도 됨.
- 외우지 말고 그냥 읽기만 할 것. 1,2,3인칭에 따라 8가지 시제가 저절로 나와야 한다.

- **부정문 익히기 (위의 긍정문으로)**

*1인칭 (주어를 'I - 나'로 하는 경우)

1	I don't want to play the piano in a concert hall with her	난 그녀와 콘서트 홀에서 피아노를 연주하고 싶지 않아
3	I didn't want to play the piano in a concert hall with her	난 그녀와 콘서트 홀에서 피아노를 연주하고 싶지 않아
5	I have not wanted to play the piano in a concert hall since last summer with her	난 지난 여름부터 그녀와 콘서트 홀에서 피아노를 연주하고 싶지 않아
6	I had not wanted to play the piano in a concert hall since last summer with her	지난 여름부터 그녀와 콘서트 홀에서 피아노를 연주하고 싶지 않았었어
7	I will not want to play the piano in a concert hall at the beginning of next year	난 내년 초에는 그녀와 콘서트 홀에서 피아노를 연주하고 싶지 않을 거에요

*2인칭 (주어를 'you - 당신'으로 하는 경우)

1	You don't want to play the piano in a concert hall with her
3	You didn't want to play the piano in a concert hall with her
5	You have not wanted to play the piano in a concert hall since last summer with her
6	You had not wanted to play the piano in a concert hall since last summer with her
7	You will not want to play the piano in a concert hall at the beginning of next year with her

*1-현재, 3-과거, 5-현재완료, 6-과거완료, 7-미래

*주어를 'he - 다음 현재형을 보고 나머지 시제는 스스로 만들어서 읽기

1	He doesn't want to play the piano in a concert hall with her
3	
5	
6	
7	

*1-현재, 3-과거, 5-현재완료, 6-과거완료, 7-미래

읽기 (1인칭, 2인칭, 3인칭 예문 전체를 읽을 때의 속도)

low	70초	**middle**	60초	**high**	50초

읽기 연습용 표

no		no		no	
1		11		21	
2		12		22	
3		13		23	
4		14		24	
5		15		25	
6		16		26	
7		17		27	
8		18		28	
9		19		29	
10		20		30	

- 한번 읽을 때마다 시간을 적고 제시한 속도가 될 때까지 읽어야 헌다.
- 처음 읽을 때 low level, 2번 째 읽을 때 medium, 3번째 읽을 때 high – 중간에 high에 도달하면 더 이상 읽지 않아도 됨.
- 외우지 말고 그냥 읽기만 할 것. 1,2,3인칭에 따라 8가지 시제가 저절로 나와야 한다.

2.3 **go** (went, going, gone) – 현재(과거, 현재분사, 과거분사)
- 긍정문과 부정문 익히기

  *1인칭 (주어를 'I - 나'로 하는 경우)

1	I go to the park in the morning with my co-workers for health	나는 건강을 위해 직장 동료들이랑 아침에 공원에 가요
2	I am going to the park with my co-workers for health	나는 건강을 위해 직장 동료들이랑 아침에 공원에 가는 중이야
3	I went to the park after work with my co-workers for health	나는 건강을 위해 직장 동료들이랑 아침에 공원에 갔지
4	I was going to the park after work with my co-workers	나는 건강을 위해 직장 동료들이랑 아침에 공원에 가는 중이었어
5	I have gone to the park after work with my co-workers	나는 건강을 위해 직장 동료들이랑 아침에 공원에 다니고 있어
6	I had gone to the park after work with my co-workers	나는 건강을 위해 직장 동료들이랑 아침에 공원에 다닌 적이 있었지
7	I will go to the park after work with my co-workers for health	나는 건강을 위해 직장 동료들이랑 아침에 공원에 갈 거야
8	I will be going to the park after work with my co-workers for health	나는 건강을 위해 직장 동료들이랑 아침에 공원에 꼭 갈 거야

  *2인칭 복수 (주어를 'we - 우리'로 하는 경우)

1	We go to the park in the morning with our co-workers for health
2	We are going to the park with our co-workers for health
3	We went to the park after work with our co-workers for health
4	We were going to the park after work with our co-workers for health
5	We have gone to the park after work with our co-workers for health
6	We had gone to the park after work with our co-workers for health

7	We will go to the park after work with our co-workers for health
8	We will be going to the park after work with our co-workers for health

*3인칭 단수 ('my sister – 우리 누나')를 주어로 하는 경우

1	My sister goes to the park in the morning with her co-workers for health
2	My sister is going to the park with her co-workers for health
3	My sister went to the park after work with her co-workers for health
4	My sister was going to the park after work with her co-workers for health
5	My sister has gone to the park after work with her co-workers for health
6	My sister had gone to the park after work with her co-workers for health
7	My sister will go to the park in the morning with her co-workers for health
8	My sister will be going to the park in the morning with her co-workers for health She will tell the story at her office the day after tomorrow

*1-현재, 2-현재진행, 3-과거, 4-과거진행, 5-현재완료, 6-과거완료, 7-미래, 8-미래진행

읽기 (1인칭, 2인칭, 3인칭 예문 전체를 읽을 때의 속도)

low	80초	middle	70초	high	60초

읽기 연습용 표

no		no		no	
1		11		21	
2		12		22	
3		13		23	
4		14		24	
5		15		25	
6		16		26	
7		17		27	
8		18		28	
9		19		29	
10		20		30	

● 한번 읽을 때마다 시간을 적고 제시한 속도가 될 때까지 읽어야 헌다.

- 위의 문장으로 부정문 익히기

*1인칭 (주어를 'I - 나'로 하는 경우)

1	I don't go to the park in the morning with my co-workers for health	나는 건강을 위해 직장 동료들이랑 아침에 공원에 가요
2	I am not going to the park with my co-workers for health	나는 건강을 위해 직장 동료들이랑 아침에 공원에 가는 중이야
3	I didn't go to the park after work with my co-workers for health	나는 건강을 위해 직장 동료들이랑 아침에 공원에 갔지
4	I was not going to the park after work with my co-workers for health	나는 건강을 위해 직장 동료들이랑 아침에 공원에 가는 중이었어
5	I have not gone to the park after work with my co-workers for health	나는 건강을 위해 직장 동료들이랑 아침에 공원에 다니고 있어
6	I had not gone to the park after work with my co-workers for health.	나는 건강을 위해 직장 동료들이랑 아침에 공원에 다닌 적이 있었지
7	I will go to the park after work with my co-workers for health	나는 건강을 위해 직장 동료들이랑 아침에 공원에 갈 거야
8	I will not be going to the park after work with my co-workers for health	나는 건강을 위해 직장 동료들이랑 아침에 공원에 꼭 갈 거야

● 위의 문장의 순서를 그대로 꼭 지키는 것이 좋다. 순서를 바꾸면 약간 뉘앙스가 달라진다. 'for health'가 중요하다고 생각되면 'after work' 앞에 위치해도 좋다.

*2인칭 (주어를 ' - 우리'로 하는 경우)

1	We don't go to the park in the morning with our co-workers for health
2	We are not going to the park with our co-workers for health
3	We didn't go to the park after work with our co-workers for health
4	We were not going to the park after work with our co-workers for health
5	We have not gone to the park after work with our co-workers for health
6	We had not gone to the park after work with our co-workers for health.
7	We will go to the park after work with our co-workers for health
8	We will not be going to the park after work with our co-workers for health

*1-현재, 2-현재진행, 3-과거, 4-과거진행, 5-현재완료, 6-과거완료, 7-미래, 8-미래진행

*주어를 'my brother – 우리 형' 3인칭 단수로 – 위의 예문을 보고 빈칸 채워 읽기

1	My brother doesn't go to the park in the morning with his co-workers for health
2	
3	
4	
5	
6	
7	
8	

*1-현재, 2-현재진행, 3-과거, 4-과거진행, 5-현재완료, 6-과거완료, 7-미래, 8-미래진행

읽기 (1인칭, 2인칭, 3인칭 예문 전체를 읽을 때의 속도)

low	90초	**middle**	80초	**high**	70초

읽기 연습용 표

no		no		no	
1		11		21	
2		12		22	
3		13		23	
4		14		24	
5		15		25	
6		16		26	
7		17		27	
8		18		28	
9		19		29	
10		20		30	

2.5 **drink** (drank, drinking, drunk) – 현재(과거, 현재분사, 과거분사)
- 긍정문과 부정문 익히기
  *1인칭 (주어를 'I - 나'로 하는 경우)

1	I drink the coffee at work a few times	나는 회사에서 그 커피를 여러 잔 마셔
2	I am drinking the coffee at work now	나는 회사에서 그 커피를 마시는 중이야
3	I drank the coffee a few times at work in the afternoon	나는 회사에서 오후에 그 커피를 여러 잔 마셨어
4	I was drinking the coffee at work at this time yesterday in the afternoon	나는 회사에서 어제 이 맘 때 그 커피를 마시는 중이야
5	I have drunk the coffee at work since last my task.	나는 회사에서 마지막 내 일이 끝난 후 그 커피를 마시고 있는 상태였지
6	I had drunk the coffee at work since last my task.	나는 회사에서 마지막 내 일이 끝난 후 그 커피를 마신 상태였었어
7	I will drink the coffee again at work this coming season	나는 회사에서 이번 계절에는 그 커피를 다시 마실 거야

*1-현재, 2-현재진행, 3-과거, 4-과거진행, 5-현재완료, 6-과거완료, 7-미래

● '그 커피'라고 지정하지 않는다면 정관사를 생략하고 'coffee'라고 하면 된다.

*2인칭 (주어를 'teachers - 선생님들'로 하는 경우)

1	Teachers drink the coffee a few times at work
2	Teahcers
3	Teachers drank the coffee a few times at work in the afternoon.
4	Teachers
5	Teachers have drunk the coffee at work since last their task.
6	Teachers
7	Teachers will drink the coffee again at work this coming season

● 'a few times'는 coffee와 직접적으로 관련이 깊기 때문에 장소보다 앞에 놓았고 목적어 coffee 바로 뒤에 위치하였다

89

*주어를 'my boss - 우리 사장님' 3인칭 단수로 하는 경우

1	My boss drinks the coffee at work a few times
2	My boss
3	My boss
4	My boss
5	My boss
6	My boss
7	My boss

*1-현재, 2-현재진행, 3-과거, 4-과거진행, 5-현재완료, 6-과거완료, 7-미래

읽기 (1 인칭, 2 인칭, 3 인칭 예문 전체를 읽을 때의 속도)

low	80초	middle	70초	high	60초

읽기 연습용 표

no		no		no	
1		11		21	
2		12		22	
3		13		23	
4		14		24	
5		15		25	
6		16		26	
7		17		27	
8		18		28	
9		19		29	
10		20		30	

- 한번 읽을 때마다 시간을 적고 제시한 속도가 될 때가지 읽어야 헌다.
- 처음 읽을 때 low level, 2번 째 읽을 때 medium, 3번째 읽을 때 high - 중간에 high에 도달하면 더 이상 읽지 않아도 됨.
- 외우지 말고 그냥 읽기만 할 것. 1,2,3인칭에 따라 8가지 시제가 저절로 나와야 한다.

- **위의 문장으로 부정문 익히기**

*1인칭 (주어를 'I - 나'로 하는 경우) - 빈 칸을 채워서 읽기

1	I don't drink the coffee at work a few times	나는 회사에서 그 커피를 여러 잔 마시진 않아
2	I am not drinking the coffee at work now	나는 회사에서 그 커피를 마시는 중이 아니야
3	I didn't drink the coffee a few times at work in the afternoon	나는 회사에서 오후에 그 커피를 여러 잔 마시지 않았어
4	……………………………………………… at this time yesterday	나는 회사에서 어제 이 맘 때 그 커피를 마시고 있지 않았어
5	I have not drunk the coffee at work since my last task	나는 회사에서 마지막 내 일이 끝난 후 그 커피를 마시지 않았는데
6	……………………………………………… since last my task	나는 회사에서 마지막 일이 끝난 후 그 커피를 마시진 않았어
7	I will not drink the coffee again at work this coming season	나는 회사에서 이번 계절에는 그 커피를 다시 마실 거야

*2인칭 (주어를 'teachers - 선생님들'로 하는 경우) - 빈 칸을 채워서 읽기

1	Teachers
2	Teachers are not drinking the coffee at work now
3	Teachers
4	Teachers were not drinking the coffee at work in the afternoon
5	Teachers
6	Teachers had not drunk the coffee at work since last their task
7	Teachers will not drink the coffee again at work this coming season

*1-현재, 2-현재진행, 3-과거, 4-과거진행, 5-현재완료, 6-과거완료, 7-미래

*주어를 'my boss – 우리 사장님' 3인칭 단수로 – 위의 예문을 보고 빈칸 채워 읽기

1	My boss
2	My boss
3	My boss
4	My boss
5	My boss
6	My boss
7	My boss

*1-현재, 2-현재진행, 3-과거, 4-과거진행, 5-현재완료, 6-과거완료, 7-미래, 8-미래진행

읽기 (1인칭, 2인칭, 3인칭 예문 전체를 읽을 때의 속도)

low	90초	middle	80초	high	70초

읽기 연습용 표

no		no		no	
1		11		21	
2		12		22	
3		13		23	
4		14		24	
5		15		25	
6		16		26	
7		17		27	
8		18		28	
9		19		29	
10		20		30	

● 한번 읽을 때마다 시간을 적고 제시한 속도가 될 때가지 읽어야 헌다.
● 처음 읽을 때 low level, 2번 째 읽을 때 medium, 3번째 읽을 때 high – 중간에 high에 도달하면 더 이상 읽지 않아도 됨.

2.6 **help** (helped, helping, helped) – 현재(과거, 현재분사, 과거분사)
- 긍정문과 부정문 익히기

*1인칭 (주어를 'I - 나'로 하는 경우)

1	I help my grandmother to clean her room in the evening	난 저녁에 우리 할머니가 방 청소 하시는 걸 도와드려요
2	I am helping my grandmother to clean her room now	난 지금 할머니가 자기 방 청소 하시는 걸 도와드리고 있어요
3	I helped my grandmother to clean her room in the evening for the last week	난 지난 주 저녁에 우리 할머니가 자기 방 청소 하시는 걸 도와드렸어요
4	I was helping my grandmother to clean her room last week	난 지난 주 저녁에 우리 할머니가 자기 방 청소 하시는 걸 도와드리고 있었어요
5	I have helped my grandmother to clean her room on every Sunday	난 일요일마다 우리 할머니가 자기 방 청소 하시는 걸 도와드려요
6	I had helped my grandmother to clean her room on every Sunday	난 한동안 일요일마다 우리 할머니가 자기 방 청소 하시는 걸 도와드렸어
7	I will help my grandmother to clean her room on every holiday	난 휴일마다 우리 할머니가 자기 방 청소 하시는 걸 도와드리려고 해

*1-현재, 2-현재진행, 3-과거, 4-과거진행, 5-현재완료, 6-과거완료, 7-미래

*2인칭 (주어를 'my family - 우리 식구들'로 하는 경우)

1	My family help my grandmother to clean her room in the evening
2	My family are helping my grandmother to clean her room now
3	
4	
5	
6	
7	

*주어를 'a man – 한 남자'가 3인칭 단수로 하는 경우

1	A man helps his grandmother to clean her room in the evening
2	A man is helping his grandmother to clean her room now
3	
4	
5	
6	
7	

*1-현재, 2-현재진행, 3-과거, 4-과거진행, 5-현재완료, 6-과거완료, 7-미래

읽기 (1인칭, 2인칭, 3인칭 예문 전체를 읽을 때의 속도)

low	80초	middle	70초	high	60초

읽기 연습용 표

no		no		no	
1		11		21	
2		12		22	
3		13		23	
4		14		24	
5		15		25	
6		16		26	
7		17		27	
8		18		28	
9		19		29	
10		20		30	

- 한번 읽을 때마다 시간을 적고 제시한 속도가 될 때까지 읽어야 헌다.
- 처음 읽을 때 low level, 2번 째 읽을 때 medium, 3번째 읽을 때 high – 중간에 high에 도달하면 더 이상 읽지 않아도 됨.

- **위의 문장으로 부정문 익히기**

1	I don't help my grandmother to clean her room in the evening
2	
3	
4	
5	
6	
7	

*2인칭 (주어를 'my family - 우리 식구들'로 하는 경우) - 빈 칸을 채워서 읽기

1	My family don't help my grandmother to clean her room in the evening
2	
3	
4	
5	
6	
7	

*1-현재, 2-현재진행, 3-과거, 4-과거진행, 5-현재완료, 6-과거완료, 7-미래

*주어를 'a man - 한 남자' 3인칭 단수로 하는 경우 - 위의 예문을 보고 빈칸 채워 읽기

1	A man doesn't help my grandmother to clean her room in the evening
2	
3	
4	
5	
6	
7	

읽기 (1인칭, 2인칭, 3인칭 예문 전체를 읽을 때의 속도)

low	100초	middle	90초	high	80초

읽기 연습용 표

no		no		no	
1		11		21	
2		12		22	
3		13		23	
4		14		24	
5		15		25	
6		16		26	
7		17		27	
8		18		28	
9		19		29	
10		20		30	

- 한번 읽을 때마다 시간을 적고 제시한 속도가 될 때가지 읽어야 헌다.
- 처음 읽을 때 low level, 2번 째 읽을 때 medium, 3번째 읽을 때 high – 중간에 high에 도달하면 더 이상 읽지 않아도 됨.

Chapter 3. 그 밖의 꼭 알아야 할 중요한 동사들

show, look, give, teach, order, sell, get, take, make, let
(4형식, 5형식에서 주로 사용되는, 사역동사 등)

3.1 **show** (showed, showing, showed, 자동사) – 현재(과거, 현재분사, 과거분사)
- '나타나다'는 기대하지 않게 가는(오는) 경우에 사용한다

*1인칭 (주어를 'I - 나'로 하는 경우)

1	I show up at the party with my boyfriend	난 그 파티에는 남자친구랑 가지(나타나지)
2	I am showing up at the party now with my boyfriend	지금 난 그 파티에 남자친구랑 가는 중이야(나타나는 중)
3	I showed up at the party one day with my boyfriend	나는 어느 날 남자친구랑 그 파티에 갔어(나타났어)
4	I was showing up at the party at the night with my boyfriend	나는 그날 저녁 남자친구랑 그 파티에 가는 중이었어(나타나는 중)
5	I have showed up at the party every night since last week with my boyfriend	나는 남자친구랑 지난주 이후부터 매일 밤 그 파티에 가고 있어(나타나고)
6	I had showed up at the party every night since last week with my boyfriend	나는 남자친구랑 지난 주 이후 매일 밤 그 파티에 갔었어(나타났었어)
7	I will show up at the party next homecoming day with my boyfriend	나는 남자친구랑 다음 동창회 그 파티에 갈 거야(나타날 거야)

*1-현재, 2-현재진행, 3-과거, 4-과거진행, 5-현재완료, 6-과거완료, 7-미래

*2인칭 (주어를 'you - 너'로 하는 경우)

1	You show up at the party with your boyfriend
2	You are showing up at the party now with your boyfriend
3	You showed up at the party one day with your boyfriend
4	You were showing up at the party at the night with your boyfriend
5	You have showed up at the party every night since last week
6	You had showed up at the party every night since last week
7	You will show up at the party next homecoming day with your boyfriend

● up은 없어도 되지만 나타날 때는 밑에서 위로 올라오므로 그 느낌을 살리려면 'show up'이 좋다.

*주어를 'she – 그녀' 3인칭 단수로 하는 경우

1	She shows up at the party with her boyfriend
2	She is showing up at the party now with her boyfriend
3	She showed up at the party one day with her boyfriend
4	She was showing up at the party at the night with her boyfriend
5	She has showed up at the party every night since last week with her boyfriend
6	She had showed up at the party every night since last week with her boyfriend
7	She will show up at the party next homecoming day with her boyfriend

*1-현재, 2-현재진행, 3-과거, 4-과거진행, 5-현재완료, 6-과거완료, 7-미래

읽기 (1인칭, 2인칭, 3인칭 예문 전체를 읽을 때의 속도)

low	80초	middle	75초	high	65초

읽기 연습용 표

no		no		no	
1		11		21	
2		12		22	
3		13		23	
4		14		24	
5		15		25	
6		16		26	
7		17		27	
8		18		28	
9		19		29	
10		20		30	

- 한번 읽을 때마다 시간을 적고 제시한 속도가 될 때가지 읽어야 헌다.
- 처음 읽을 때 low level, 2번 째 읽을 때 medium, 3번째 읽을 때 high – 중간에 high에 도달하면 더 이상 읽지 않아도 됨.

- 위의 문장을 현재형만 보고 스스로 만들어서 읽기

1	I show up at the party with my boyfriend
2	
3	
4	
5	
6	
7	

1	You show up at the party with your boyfriend
2	
3	
4	
5	
6	
7	

1	She shows up at the party with her boyfriend
2	
3	
4	
5	
6	
7	

읽기 (1인칭, 2인칭, 3인칭 예문 전체를 읽을 때의 속도)

low	100초	middle	90초	high	80초

읽기 연습용 표

no		no		no	
1		11		21	
2		12		22	
3		13		23	
4		14		24	
5		15		25	
6		16		26	
7		17		27	
8		18		28	
9		19		29	
10		20		30	

- **show** (타동사일 때 - ~을 보여주다. 즉 목적어가 있을 때)

*1인칭 (주어를 'I - 나'로 하는 경우)

1	I show my schoolfellows the photo at school	난 동창들에게 학교 때 내 사진을 보여줘
2	I am showing my schoolfellows the photo at school now	난 지금 동창들에게 학교 때 내 사진을 보여주고 있어
3	I showed my schoolfellows the photo at school at the night	난 그날 밤 동창들에게 학교 때 내 사진을 보여줬어
4	I was showing my schoolfellows the photo at school at that time	난 그 때 동창들에게 학교 때 내 사진을 보여주고 있었어
5	I have showed my schoolfellows the photo at school on every meeting	난 만날 때마다 동창들에게 학교 때 내 사진을 보여주고 있어
6	I had showed my schoolfellows the photo at school on every meeting	난 만날 때마다 동창들에게 학교 때 내 사진을 보여줬었지
7	I will show my schoolfellows the photo at school	난 동창들에게 학교 때 내 사진을 보여줄 거야

*1-현재, 2-현재진행, 3-과거, 4-과거진행, 5-현재완료, 6-과거완료, 7-미래

- '~에게 ~을 보여주다'에서 처럼 목적어가 2개인 경우 '~에게'를 먼저 앞에 위치한다. 이러한 동사의 성격을 갖는 목적어가 2개 필요한 순서의 문장이 4형식이다. '~에게'를 뒤로 보낼 수 있다. 직접목적어인 '~을' 강조하려고 할 때이다. 이런 경우 3형식으로 간주한다. '~에게' 뒤로 가면서 전치사를 붙여서 '방향성을 갖게 된다. 간접목적어(3번째 자리) 자리에 있지 않으면 전치사가 필요하다 'He show a picture to me.'

*2인칭 (주어를 'you - 너'로 하는 경우)

1	You show your schoolfellows the photo at school
2	You are showing your schoolfellows the photo at school now
3	You showed your schoolfellows the photo at school at the night
4	You were showing your schoolfellows the photo at school at that time
5	You have showed your schoolfellows the photo at school on every meeting
6	You had showed your schoolfellows the photo at school on every meeting
7	You will show your schoolfellows the photo at school

*1-현재, 2-현재진행, 3-과거, 4-과거진행, 5-현재완료, 6-과거완료, 7-미래

*3인칭 (주어를 'he - 그'로 하는 경우)

1	He shows his schoolfellows the photo at school
2	He is showing his schoolfellows the photo at school now
3	He showed his schoolfellows the photo at school at the night
4	He was showing his schoolfellows the photo at school at that time
5	He has showed his schoolfellows the photo at school on every meeting
6	He had showed his schoolfellows the photo at school on every meeting
7	He will show his schoolfellows the photo at school

읽기 (1인칭, 2인칭, 3인칭 예문 전체를 읽을 때의 속도)

low	75초	middle	70초	high	65초

읽기 연습용 표

no		no		no	
1		11		21	
2		12		22	
3		13		23	
4		14		24	
5		15		25	
6		16		26	
7		17		27	
8		18		28	
9		19		29	
10		20		30	

- 처음 읽을 때 low level, 2번 째 읽을 때 medium, 3번째 읽을 때 high – 중간에 high에 도달하면 더 이상 읽지 않아도 됨.

- 위의 문장을 현재형만 보고 스스로 만들어서 읽기

1	I show my schoolfellows the photo at school
2	
3	
4	
5	
6	
7	

1	You show your schoolfellows the photo at school
2	
3	
4	
5	
6	
7	

1	He shows his schoolfellows the photo at school
2	
3	
4	
5	
6	
7	

읽기 (1인칭, 2인칭, 3인칭 예문 전체를 읽을 때의 속도)

low	90초	middle	80초	high	70초

읽기 연습용 표

no		no		no	
1		11		21	
2		12		22	
3		13		23	
4		14		24	
5		15		25	
6		16		26	
7		17		27	
8		18		28	
9		19		29	
10		20		30	

- 처음 읽을 때 low level, 2번 째 읽을 때 medium, 3번째 읽을 때 high - 중간에 high에 도달하면 더 이상 읽지 않아도 됨.

3.2 **look** (looked, looking, looked 자동사일 때) – 현재(과거, 현재분사, 과거분사)
- ~게 보이다

*2인칭 (주어를 'you – 당신'으로 하는 경우)

1	You look so pretty today	당신은 오늘 너무 예뻐 보여요
2	You are looking so pretty	너 지금 너무 예뻐 보여
3	You looked so pretty yesterday	넌 어제 너무 예뻐 보였어
4	You were looking so pretty then	너 그때 아주 예뻐 보였어
5	You have looked always happy these days	넌 요즘 항상 행복해 보이는구나
6	You had looked always happy in school	넌 학교 다닐 때 항상 행복해 보였어
7	You will look happy from now on	넌 지금부터 계속 행복해 보일 거야

*1-현재, 2-현재진행, 3-과거, 4-과거진행, 5-현재완료, 6-과거완료, 7-미래

*3인칭 단수 주어를 'she – 그녀'로 하는 경우

1	She looks better than ever
2	She is looking better than ever
3	She looked so pale then
4	She was looking so pale then
5	She has looked always so beautiful these days
6	She had looked always so beautiful in school
7	She will look so beautiful from now on

*주어를 'that – 저것' 3인칭 단수로 하는 경우

1	That looks nice
2	That is looking so good
3	This looked so nice
4	This was looking so nice then
5	This has looked always happy these days
6	That had looked always pale in school
7	That will look so nice from now on

읽기 (1인칭, 2인칭, 3인칭 예문 전체를 읽을 때의 속도)

low	60초	middle	50초	high	40초

읽기 연습용 표

no		no		no	
1		11		21	
2		12		22	
3		13		23	
4		14		24	
5		15		25	
6		16		26	
7		17		27	
8		18		28	
9		19		29	
10		20		30	

- 한번 읽을 때마다 시간을 적고 제시한 속도가 될 때가지 읽어야 헌다.
- 처음 읽을 때 low level, 2번 째 읽을 때 medium, 3번째 읽을 때 high - 중간에 high에 도달하면 더 이상 읽지 않아도 됨)

- **위의 문장을 현재형만 보고 스스로 만들어서 읽기**

1	You look so pretty today
2	
3	
4	
5	
6	
7	

1	She looks better than ever
2	
3	
4	
5	
6	
7	

1	That looks nice
2	
3	
4	
5	
6	
7	

읽기 (1인칭, 2인칭, 3인칭 예문 전체를 읽을 때의 속도)

low	70초	middle	60초	high	50초

읽기 연습용 표

no		no		no	
1		11		21	
2		12		22	
3		13		23	
4		14		24	
5		15		25	
6		16		26	
7		17		27	
8		18		28	
9		19		29	
10		20		30	

- 한번 읽을 때마다 시간을 적고 제시한 속도가 될 때가지 읽어야 헌다.
- 처음 읽을 때 low level, 2번 째 읽을 때 medium, 3번째 읽을 때 high - 중간에 high에 도달하면 더 이상 읽지 않아도 됨)

- look (타동사일 때 - ~을 보다. 목적어가 있을 때)

*1인칭 (주어를 'I - 나'로 하는 경우)

1	I look the building in my free time with specialist	난 여유 있을 땐 전문가와 같이 그 건물을 쳐다봐
2	I am looking at the building with specialist now	난 지금 전문가와 함께 그 건물을 쳐다보고 있는 중입니다
3	I looked for the building yesterday with specialist	난 어제 전문가와 그 건물을 찾았어요
4	I was looking around the building then with specialist	난 그때 전문가와 그 건물 주변을 살피고 있었어요
5	I have looked forward to hearing from my girlfriend	난 여자친구로부터 소식을 기대하고 있습니다
6	I had looked into the building in my free time with specialist	나는 전문가와 함께 여유 있을 때 그 건물을 샅샅이 조사했어요
7	I will look in every corner of the building tomorrow with specialist	난 전문가와 내일 그 건물의 모든 코너 안쪽을 들여다 볼 겁니다

*1-현재, 2-현재진행, 3-과거, 4-과거진행, 5-현재완료, 6-과거완료, 7-미래

*2인칭 (주어를 'you - 너'로 하는 경우)

1	You look the building in your free time with specialist
2	You are looking at the building with specialist now
3	You looked for the building yesterday with specialist
4	You were looking around the building then with specialist
5	You have looked forward to hearing from your girlfriend
6	You had looked into the building in your free time with specialist
7	You will look in every corner of the building tomorrow with specialist

- 'look'은 타동사 의미가 전치사 때문에 확장된다. 문법적으로는 타동사 'look' 뒤에 전치사가 오고 그 뒤에 오는 것은 '전치사의 목적어'라고도 한다. 하지만 필자는 '동사 + 전치사'를 하나의 동사로 보는 것이 좋다라고 권유한다. 전치사를 따로 떼어서 기억하기도 쉽지 않고 실제로도 '동사 + 전치사'는 숙어라고도 한다. 숙어는 넓은 의미의 '동사' 역할을 한다.
- 'look' 다음에 'at, in, into, for, forward, from, around' 등 전치사가 오면 의미가 다양해 진다.

*주어를 'she - 그녀' 3인칭 단수로 하는 경우

1	She looks the building in her free time with specialist
2	She is looking at the building with specialist now
3	She looked for the building yesterday with specialist
4	She was looking around the building then with specialist
5	She has looked forward to hearing from her boyfriend
6	She had looked into the building in her free time with specialist
7	She will look in every corner of the building tomorrow with specialist

*1-현재, 2-현재진행, 3-과거, 4-과거진행, 5-현재완료, 6-과거완료, 7-미래

- 'her girlfriend'라고 하면 동성애자로 오해할 수 있으므로 동성끼리는 그냥 'her friend'라고 하면 된다

읽기 (1인칭, 2인칭, 3인칭 예문 전체를 읽을 때의 속도)

low	75초	middle	70초	high	65초

읽기 연습용 표

no		no		no	
1		11		21	
2		12		22	
3		13		23	
4		14		24	
5		15		25	
6		16		26	
7		17		27	
8		18		28	
9		19		29	
10		20		30	

- 한번 읽을 때마다 시간을 적고 제시한 속도가 될 때가지 읽어야 헌다.
- 처음 읽을 때 low level, 2번 째 읽을 때 medium, 3번째 읽을 때 high - 중간에 high에 도달하면 더 이상 읽지 않아도 됨.

- 위의 문장을 현재형만 보고 스스로 만들어서 읽기

1	I look the building in my free time with specialist
2	
3	
4	
5	
6	
7	

1	You look the building in your free time with specialist
2	
3	
4	
5	
6	
7	

1	She looks the building in her free time with specialist
2	
3	
4	
5	
6	
7	

읽기 (1인칭, 2인칭, 3인칭 예문 전체를 읽을 때의 속도)

| low | 90초 | middle | 80초 | high | 75초 |

읽기 연습용 표

no		no		no	
1		11		21	
2		12		22	
3		13		23	
4		14		24	
5		15		25	
6		16		26	
7		17		27	
8		18		28	
9		19		29	
10		20		30	

- 한번 읽을 때마다 시간을 적고 제시한 속도가 될 때가지 읽어야 헌다.
- 처음 읽을 때 low level, 2번 째 읽을 때 medium, 3번째 읽을 때 high - 중간에 high에 도달하면 더 이상 읽지 않아도 됨

3.3 **give** (gave, giving, given) – 현재(과거, 현재분사, 과거분사)

*1인칭 (주어를 'I – 나'로 하는 경우)

1	I give him a gift on his birthday	난 그의 생일엔 그에게 선물을 줍니다
2	I am giving him a gift on his birthday now	난 지금 생일인 그에게 선물을 주고 있어
3	I gave him a gift last his birthday	난 지난 그의 생일 때 선물을 줬어
4	I was giving him a gift on his birthday	난 그의 생일날 선물을 주고 있었어
5	I have given him a gift every his birthday	나는 매번 그의 생일마다 그에게 선물을 주고 있어
6	I had given him a gift every his birthday	나는 한 때 그의 생일마다 선물을 주었어
7	I will give him a gift this coming his birthday	난 이번 그의 생일에 선물을 하나 줄 거야

*1-현재, 2-현재진행, 3-과거, 4-과거진행, 5-현재완료, 6-과거완료, 7-미래

*2인칭 (주어를 'we – 우리'로 하는 경우)

1	We give him a gift on his birthday
2	We are giving him a gift on his birthday
3	We gave him a gift last his birthday
4	We were giving him a gift on his birthday
5	We have given him a gift every his birthday
6	We had given him a gift every his birthday
7	We will give him a gift this coming his birthday

- give는 대표적으로 목적어가 2개가 오는 동사이다. '~에게 ; 제1목적어 혹은 간접목적어'라고 하며 직접목적어인 '~을'이 오게 된다. 반드시 이 순서로 지켜야 한다. '~에게'가 길 경우 목적어 뒤로 보내기도 한다. 목적어가 헷갈릴 수 있기 때문일 것이다. 그럴 경우 4형식이 3형식으로 바뀐다고 볼 수 있다. '~에게'의 간접목적어(제1 목적어)가 뒤로 가면 전치사를 붙여서 목적의 기능을 상실하고 방향성을 갖게 된다.
- 뒤에 소개되는 **teach, order, sell** 등의 동사들이 주로 4형식에 쓰이는 동사들로 단어의 의미상 '~에게', '~을'의 2개 목적어를 필요로 한다.
- 일부 문법책에서 '~에게'의 자리에 대명사만 온다고 기술되어 있는데 이것은 잘못이다.

*주어를 'she - 그녀' 3인칭 단수로 하는 경우

1	She gives him a gift on his birthday
2	She is giving him a gift on his birthday
3	She gave him a gift last his birthday
4	She was giving him a gift on his birthday
5	She has given him a gift every his birthday
6	She had given him a gift every his birthday
7	She will give him a gift this coming his birthday

*1-현재, 2-현재진행, 3-과거, 4-과거진행, 5-현재완료, 6-과거완료, 7-미래

읽기 (1인칭, 2인칭, 3인칭 예문 전체를 읽을 때의 속도)

low	70초	middle	60초	high	50초

읽기 연습용 표

no		no		no	
1		11		21	
2		12		22	
3		13		23	
4		14		24	
5		15		25	
6		16		26	
7		17		27	
8		18		28	
9		19		29	
10		20		30	

- 한번 읽을 때마다 시간을 적고 제시한 속도가 될 때까지 읽어야 헌다.
- 처음 읽을 때 low level, 2번 째 읽을 때 medium, 3번째 읽을 때 high - 중간에 high에 도달하면 더 이상 읽지 않아도 됨.

- 위의 문장을 현재형만 보고 스스로 만들어서 읽기

1	I give him a gift on his birthday
2	
3	
4	
5	
6	
7	

1	We give him a gift on his birthday
2	
3	
4	
5	
6	
7	

1	She gives him a gift on his birthday
2	
3	
4	
5	
6	
7	

읽기 (1인칭, 2인칭, 3인칭 예문 전체를 읽을 때의 속도)

low	80초	middle	70초	high	60초

읽기 연습용 표

no		no		no	
1		11		21	
2		12		22	
3		13		23	
4		14		24	
5		15		25	
6		16		26	
7		17		27	
8		18		28	
9		19		29	
10		20		30	

- 한번 읽을 때마다 시간을 적고 제시한 속도가 될 때가지 읽어야 헌다.
- 처음 읽을 때 low level, 2번 째 읽을 때 medium, 3번째 읽을 때 high – 중간에 high에 도달하면 더 이상 읽지 않아도 됨.

3.4 **teach** (taught, teaching, taught) – 현재(과거, 현재분사, 과거분사)

*1인칭 (주어를 'I - 나'로 하는 경우)

1	I teach her and others to cook in the kitchen Monday morning	나는 월요일 아침에 부엌에서 그녀와 다른 사람들에게 요리를 가르칩니다
2	I am teaching her and others to cook in the kitchen now	나는 지금 부엌에서 그녀와 다른 사람들에게 요리를 가르칩니다
3	I taught her and others to cook in the kitchen Monday morning	나는 월요일 아침에 부엌에서 그녀와 다른 사람들에게 요리를 가르쳤어요
4	I was teaching her and others to cook in the kitchen for an hour	한 시간 동안 부엌에서 그녀와 다른 사람들에게 요리를 가르치고 있었어
5	I have taught her and others to cook in the kitchen for a few weeks	나는 몇 주 째 부엌에서 그녀와 다른 사람들에게 요리를 가르치고 있습니다
6	I had taught her and others to cook in the kitchen for a few weeks	나는 몇 주 동안 부엌에서 그녀와 다른 사람들에게 요리를 가르쳤습니다
7	I will teach her and others to cook in the kitchen every weekend	나는 주말마다 부엌에서 그녀와 다른 사람들에게 요리를 가르치려고 해요

*1-현재, 2-현재진행, 3-과거, 4-과거진행, 5-현재완료, 6-과거완료, 7-미래

*2인칭 (주어를 'they - 그 사람들'로 하는 경우)

1	They teach me and others to cook in the kitchen Monday morning
2	They are teaching me and others to cook in the kitchen now
3	They taught me and others to cook in the kitchen Monday morning
4	They were teaching me and others to cook in the kitchen for an hour
5	They have taught me and others to cook in the kitchen for a few weeks
6	They had taught me and others to cook in the kitchen for a few weeks
7	They will teach me and others to cook in the kitchen every weekend

*주어를 'she - 그녀' 3인칭 단수로 하는 경우

1	She teaches them to cook in the kitchen Monday morning
2	She is teaching them to cook in the kitchen now
3	She taught them to cook in the kitchen Monday morning
4	She was teaching them to cook in the kitchen for an hour
5	She has taught them to cook in the kitchen for a few weeks
6	She had taught them to cook in the kitchen for a few weeks
7	She will teach them to cook in the kitchen every weekend

*1-현재, 2-현재진행, 3-과거, 4-과거진행, 5-현재완료, 6-과거완료, 7-미래

읽기 (1인칭, 2인칭, 3인칭 예문 전체를 읽을 때의 속도)

low	90초	middle	75초	high	65초

읽기 연습용 표

no		no		no	
1		11		21	
2		12		22	
3		13		23	
4		14		24	
5		15		25	
6		16		26	
7		17		27	
8		18		28	
9		19		29	
10		20		30	

- 한번 읽을 때마다 시간을 적고 제시한 속도가 될 때가지 읽어야 헌다.
- 처음 읽을 때 low level, 2번 째 읽을 때 medium, 3번째 읽을 때 high - 중간에 high에 도달하면 더 이상 읽지 않아도 됨.

- 위의 문장을 현재형만 보고 스스로 만들어서 읽기

1	I teach her and others to cook in the kitchen Monday evening
2	
3	
4	
5	
6	
7	

1	They teach me and others to cook in the kitchen Monday evening
2	
3	
4	
5	
6	
7	

1	She teaches them to cook in the kitchen Monday evening
2	
3	
4	
5	
6	
7	

읽기 (1인칭, 2인칭, 3인칭 예문 전체를 읽을 때의 속도)

| low | 100초 | middle | 90초 | high | 80초 |

읽기 연습용 표

no		no		no	
1		11		21	
2		12		22	
3		13		23	
4		14		24	
5		15		25	
6		16		26	
7		17		27	
8		18		28	
9		19		29	
10		20		30	

- 한번 읽을 때마다 시간을 적고 제시한 속도가 될 때까지 읽어야 헌다.
- 처음 읽을 때 low level, 2번 째 읽을 때 medium, 3번째 읽을 때 high – 중간에 high에 도달하면 더 이상 읽지 않아도 됨.

3.5 **order** (ordered, ordering, order) – 현재(과거, 현재분사, 과거분사)

*1인칭 (주어를 'I - 나'로 하는 경우)

1	I order waiter something to drink at the bar in advance	나는 웨이터에게 바에서 마실 것을 미리 주문합니다
2	I am ordering waiter something to drink at the bar in advance	나는 웨이터에게 바에서 마실 것을 주문하고 있습니다
3	I ordered waiter something to drink a couple of times at the bar	나는 웨이터에게 바에서 여러 차례 마실 것을 주문했습니다
4	I was ordering waiter something to drink at the bar late at night	나는 그날 밤 그 바에서 웨이터에게 마실 것을 주문하고 있었습니다
5	I have ordered waiter something to drink at the bar every late night	나는 매일 늦은 밤마다 웨이터에게 바에서 마실 것을 주문합니다
6	I had ordered waiter something to drink at the bar every late night	나는 매일 늦은 밤마다 웨이터에게 바에서 마실 것을 주문했었지요
7	I will order waiter something to drink at the bar late tomorrow night	나는 내일 밤 늦게 웨이터에게 바에서 마실 것을 주문할 겁니다

*1-현재, 2-현재진행, 3-과거, 4-과거진행, 5-현재완료, 6-과거완료, 7-미래

*2인칭 (주어를 'guests - 손님들'로 하는 경우)

1	Guests order waiter something to drink at the bar in advance
2	Guests are ordering waiter something to drink at the bar in advance
3	Guests ordered waiter something to drink a couple of times at the bar
4	Guests were ordering waiter something to drink at the bar late at night
5	Guests have ordered waiter something to drink at the bar every late night
6	Guests had ordered waiter something to drink at the bar every late night
7	Guests will order waiter something to drink at the bar late tomorrow night

*주어를 'a lady – 한 숙녀분' 3인칭 단수로 하는 경우

1	A lady orders waiter something to drink at the bar in advance
2	A lady is ordering waiter something to drink at the bar in advance
3	A lady ordered waiter something to drink a couple of times at the bar
4	A lady was ordering waiter something to drink at the bar late at night
5	A lady has ordered waiter something to drink at the bar every late night
6	A lady had ordered waiter something to drink at the bar every late night
7	A lady will order waiter something to drink at the bar late tomorrow night

*1-현재, 2-현재진행, 3-과거, 4-과거진행, 5-현재완료, 6-과거완료, 7-미래

읽기 (1인칭, 2인칭, 3인칭 예문 전체를 읽을 때의 속도)

low	90초	middle	75초	high	65초

읽기 연습용 표

no		no		no	
1		11		21	
2		12		22	
3		13		23	
4		14		24	
5		15		25	
6		16		26	
7		17		27	
8		18		28	
9		19		29	
10		20		30	

- 한번 읽을 때마다 시간을 적고 제시한 속도가 될 때까지 읽어야 헌다.
- 처음 읽을 때 low level, 2번 째 읽을 때 medium, 3번째 읽을 때 high – 중간에 high에 도달하면 더 이상 읽지 않아도 됨.

- 위의 문장을 현재형만 보고 스스로 만들어서 읽기

1	I order waiter something to drink at the bar in advance
2	
3	
4	
5	
6	
7	

1	Guests order waiter something to drink at the bar in advance
2	
3	
4	
5	
6	
7	

1	A lady orders waiter something to drink at the bar in advance
2	
3	
4	
5	
6	
7	

읽기 (1인칭, 2인칭, 3인칭 예문 전체를 읽을 때의 속도)

low	100초	**middle**	90초	**high**	80초

읽기 연습용 표

no		no		no	
1		11		21	
2		12		22	
3		13		23	
4		14		24	
5		15		25	
6		16		26	
7		17		27	
8		18		28	
9		19		29	
10		20		30	

- 한번 읽을 때마다 시간을 적고 제시한 속도가 될 때가지 읽어야 헌다.
- 처음 읽을 때 low level, 2번 째 읽을 때 medium, 3번째 읽을 때 high - 중간에 high에 도달하면 더 이상 읽지 않아도 됨.

3.6 **sell** (sold, selling, sold) – 현재(과거, 현재분사, 과거분사)

*1인칭 (주어를 'I - 나'로 하는 경우)

1	I sell customer the goods at the store in summer	나는 여름에는 상점에서 고객에게 상품을 팝니다
2	I am selling a customer the goods at the store now	나는 지금 상점에서 한 고객에게 상품을 팔고 있습니다
3	I sold the customer the goods at the store in summer	나는 여름에 상점에서 그 고객에게 상품을 팔았습니다
4	I was selling the customer the goods at the store in summer	나는 여름에 상점에서 그 고객에게 상품을 팔고 있었습니다
5	I have sold customers the goods at the store since last winter	나는 지난 겨울 이후 상점에서 고객들에게 상품을 팔아오고 있습니다
6	I had sold customers the goods at the store since last winter	나는 지난 겨울 이후 한동안 상점에서 고객들에게 상품을 팔고 있었습니다
7	I will sell customer the goods at the store next season	나는 다음 계절에 상점에서 고객에게 상품을 팔려고 합니다

*1-현재, 2-현재진행, 3-과거, 4-과거진행, 5-현재완료, 6-과거완료, 7-미래

*2인칭 (주어를 'supermarkets - 슈퍼마켓들'로 하는 경우)

1	Supermarkets sell customer the goods at the store in summer
2	Supermarkets are selling customers the goods at the store now
3	Supermarkets sold customers the goods at the store in summer
4	Supermarkets were selling customers the goods at the store in summer
5	Supermarkets have sold customers the goods at the store since last winter
6	Supermarkets had sold customers the goods at the store since last winter
7	Supermarkets will sell customers the goods at the store next season

*주어를 'the shop - 그 상점' 3인칭 단수로 하는 경우

1	The shop sells customer the goods at the store in summer
2	The shop is selling a customer the goods at the store now
3	The shop sold the customer the goods at the store in summer
4	The shop was selling the customer the goods at the store in summer
5	The shop has sold customers the goods at the store since last winter
6	The shop had sold customers the goods at the store since last winter
7	The shop will sell customer the goods at the store next season

*1-현재, 2-현재진행, 3-과거, 4-과거진행, 5-현재완료, 6-과거완료, 7-미래

읽기 (1인칭, 2인칭, 3인칭 예문 전체를 읽을 때의 속도)

low	90초	middle	80초	high	70초

읽기 연습용 표

no		no		no	
1		11		21	
2		12		22	
3		13		23	
4		14		24	
5		15		25	
6		16		26	
7		17		27	
8		18		28	
9		19		29	
10		20		30	

- 한번 읽을 때마다 시간을 적고 제시한 속도가 될 때가지 읽어야 헌다.
- 처음 읽을 때 low level, 2번 째 읽을 때 medium, 3번째 읽을 때 high - 중간에 high에 도달하면 더 이상 읽지 않아도 됨.

- 위의 문장을 현재형만 보고 스스로 만들어서 읽기

1	I sell customer the goods at the store in summer
2	
3	
4	
5	
6	
7	

● 'customer-고객에게, a customer-한 고객에게, customers-고개들에게' 중 하나를 사용하면 된다.

1	Supermarkets sell customers the goods at the store in summer
2	
3	
4	
5	
6	
7	

1	The shop sells a customer the goods at the store in summer
2	
3	
4	
5	
6	
7	

읽기 (1인칭, 2인칭, 3인칭 예문 전체를 읽을 때의 속도)

low	100초	middle	90초	high	80초

읽기 연습용 표

no		no		no	
1		11		21	
2		12		22	
3		13		23	
4		14		24	
5		15		25	
6		16		26	
7		17		27	
8		18		28	
9		19		29	
10		20		30	

● 한번 읽을 때마다 시간을 적고 제시한 속도가 될 때가지 읽어야 헌다.
● 처음 읽을 때 low level, 2번 째 읽을 때 medium, 3번째 읽을 때 high – 중간에 high에 도달하면 더 이상 읽지 않아도 됨.

3.7 **get** (got, getting, got or gotten) – 현재(과거, 현재분사, 과거분사)

*1인칭 (주어를 'I - 나'로 하는 경우)

1	I get a chance to take a trip here from time to time	나는 가끔 여행을 할 기회가 생겨요
2	I am getting up now in hotel	난 지금 호텔에서 일어나고 있어요
3	I just got on the bus with my friends during the trip in Seoul	난 서울에서 친구들과 여행 중인데 막 버스에 탔어요
4	I was getting in a car with my friends during the trip in Seoul	난 지금 서울에서 여행 중인데 막 승용차에 타고 있는 중입니다
5	I have got it the picture	이해가 되었어요(그것의 그림이 그려진 상태입니다)
6	I had got out of the hotel already in Seoul then	난 그때 서울에 있는 호텔에서 이미 나온 상태입니다
7	I will get over my difficulty in the near future with my friend's help	난 내 친구들 도움으로 다가올 미래의 어려움을 극복할 겁니다

*2인칭 (주어를 'they - 그들'로 하는 경우)

1	They get chances here from time to time
2	They are getting up now in hotel
3	They just got on the bus with their friends during the trip in Seoul
4	They were getting in a car with their friends during the trip in Seoul
5	They have got it the picture
6	They had got out of the hotel already in Seoul
7	They will get over their difficulties in the near future

- 'get'은 기본적으로 '갖는다'는 소유의 의미가 강하다. 소유의 측면에서 보면 'take < get < have' 순으로 소유의 기간과 강도가 강해진다고 볼 수 있다. 반드시 그런 것은 아니고 여러분들이 이 비슷한 의미의 동사 3개를 이해하고 기억하기 좋게 대략적으로 구분하고 분류해 본 것이다. (70%는 이 분류가 비슷하다고 볼 수 있다)
  I taka a taxi –택시를 잡습니다. I get on the taxi-그 택시에 탑니다. I got a job-나 직업이 생겼어요, I have a job-직업이 있습니다. I have a car-차가 있어
  (아주 짧은 내 소유, 좀 길게 내 소유, 완전 내 소유)
- 'get'이 사역동사로 사용될 때도 있으니 그런 의미인 문장을 만나면 유심히 살펴보기를.

*주어를 'he – 그 사람' 3인칭 단수로 하는 경우

1	He gets a chance here from time to time
2	He is getting up now in hotel
3	He just got on the bus with his friends during the trip in Seoul
4	He was getting in a car with his friends during the trip in Seoul
5	He has got it the picture
6	He had got out of the hotel already in Seoul
7	He will get over his difficulty in the near future with his friend's help

*1-현재, 2-현재진행, 3-과거, 4-과거진행, 5-현재완료, 6-과거완료, 7-미래

읽기 (1인칭, 2인칭, 3인칭 예문 전체를 읽을 때의 속도)

low	95초	**middle**	80초	**high**	65초

읽기 연습용 표

no		no		no	
1		11		21	
2		12		22	
3		13		23	
4		14		24	
5		15		25	
6		16		26	
7		17		27	
8		18		28	
9		19		29	
10		20		30	

- 한번 읽을 때마다 시간을 적고 제시한 속도가 될 때가지 읽어야 헌다.
- 처음 읽을 때 low level, 2번 째 읽을 때 medium, 3번째 읽을 때 high – 중간에 high에 도달하면 더 이상 읽지 않아도 됨.

- 위의 문장을 현재형만 보고 스스로 만들어서 읽기

1	I get a chance to take a trip here from time to time
2	
3	
4	
5	
6	
7	

1	They get chances here from time to time
2	
3	
4	
5	
6	
7	

1	He gets a chance here from time to time
2	
3	
4	
5	
6	
7	

읽기 (1인칭, 2인칭, 3인칭 예문 전체를 읽을 때의 속도)

| low | 100초 | middle | 90초 | high | 80초 |

읽기 연습용 표

no		no		no	
1		11		21	
2		12		22	
3		13		23	
4		14		24	
5		15		25	
6		16		26	
7		17		27	
8		18		28	
9		19		29	
10		20		30	

- 한번 읽을 때마다 시간을 적고 제시한 속도가 될 때가지 읽어야 헌다.
- 처음 읽을 때 low level, 2번 째 읽을 때 medium, 3번째 읽을 때 high – 중간에 high에 도달하면 더 이상 읽지 않아도 됨.

3.8 **take** (took, taking, taken) – 현재(과거, 현재분사, 과거분사)

*1인칭 (주어를 'I - 나'로 하는 경우)

1	I always take my laptop for traveling to the United States	나는 항상 미국 여행을 하는 동안에는 노트북을 갖고 다닙니다
2	I am taking in 3 pills now	나는 지금 약 3 알을 먹고 있어요
3	I took a cup of coffee out at Starbucks way to work in the morning	난 아침에 출근 길에 스타벅스에서 커피 한잔을 사서 갖고 나와
4	I was taking up my skirt at repair shop then	난 그때 수선실에서 내 스커트를 갖고 나오는 중이었어
5	I have taken on part time help for my long project already	난 이미 나의 긴 프로젝트를 위해 시간제 도움을 받고 있는 상태야
6	I had already taken back a laptop to the leasing company then	난 그때 이미 리스회사에 노트북을 반납한 상태였어
7	I will take those empty bottles away in a few minutes	난 잠시 후 저기 있는 빈 병들을 가져갈 거야(in a few minutes – 잠시 후)

*1-현재, 2-현재진행, 3-과거, 4-과거진행, 5-현재완료, 6-과거완료, 7-미래

*2인칭 (주어를 'we - 우리들'로 하는 경우)

1	We always take our laptops for traveling to the United States
2	We are taking in 3 pills now
3	We took out cups of coffee at Starbucks way to work in the morning
4	We were taking up our skirts at repair shop then
5	We have taken on part time help for our long project already
6	We had taken back laptops to the leasing company
7	We will take those empty bottles away in a few minutes

*주어를 'she - 그 여자' 3인칭 단수로 하는 경우

1	She always takes her laptop for traveling to the United States
2	She is taking in 3 pills now
3	She took out a cup of coffee at Starbucks way to work in the morning
4	She was taking up her skirt at repair shop then
5	She has taken on part time help for her long project already
6	She had taken back a laptop to the leasing company
7	She will take those empty bottles away in a few minutes

*1-현재, 2-현재진행, 3-과거, 4-과거진행, 5-현재완료, 6-과거완료, 7-미래

읽기 (1인칭, 2인칭, 3인칭 예문 전체를 읽을 때의 속도)

low	110초	middle	95초	high	80초

읽기 연습용 표

no		no		no	
1		11		21	
2		12		22	
3		13		23	
4		14		24	
5		15		25	
6		16		26	
7		17		27	
8		18		28	
9		19		29	
10		20		30	

- 한번 읽을 때마다 시간을 적고 제시한 속도가 될 때가지 읽어야 헌다.
- 처음 읽을 때 low level, 2번 째 읽을 때 medium, 3번째 읽을 때 high – 중간에 high에 도달하면 더 이상 읽지 않아도 됨.

- 아래 1인칭 문장을 보고 주어를 각각 'we, she'로 바꾸어 읽기

1	I always take my laptop for traveling to the United States
2	I am taking in 3 pills now
3	I took a cup of coffee out at Starbucks way to work in the morning
4	I was taking up my skirt at repair shop then
5	I have taken on part time help for my long project already
6	I had already taken back a laptop to the leasing company then
7	I will take those empty bottles away in a few minutes

1	We
2	We
3	We
4	We
5	We
6	We
7	We

1	She
2	She
3	She
4	She
5	She
6	She
7	She

읽기 (1인칭, 2인칭, 3인칭 예문 전체를 읽을 때의 속도)

low	120초	middle	105초	high	90초

읽기 연습용 표

no		no		no	
1		11		21	
2		12		22	
3		13		23	
4		14		24	
5		15		25	
6		16		26	
7		17		27	
8		18		28	
9		19		29	
10		20		30	

- 한번 읽을 때마다 시간을 적고 제시한 속도가 될 때가지 읽어야 헌다.
- 처음 읽을 때 low level, 2번 째 읽을 때 medium, 3번째 읽을 때 high – 중간에 high에 도달하면 더 이상 읽지 않아도 됨.

3.9 **make** (made, making, made) – 현재(과거, 현재분사, 과거분사)

*1인칭 (주어를 'I - 나'로 하는 경우)

1	I make my wife always happy	나는 아내를 항상 행복하게 합니다
2	I am making my brothers a pet house	나는 내 동생들에게 애완동물 집을 만들어 주고 있어요
3	I made up my mind to live alone	나는 혼자 살기로 결심했었어요
4	I was making up then to go out	난 그때 막 밖으로 나가려고 하고 있었어요
5	I have made the money to be rich for a few years	난 몇 년 째 부자가 되려고 돈을 벌고 있는 상태야
6	I had made sense to live by myself for a long time	난 오랜 시간 혼자서 사는 것이 일리 있다고 생각했지(이해했지)
7	I will make for your life happy from now on	난 지금부터 너의 행복한 인생을 만들어 줄게

*2인칭 (주어를 'they - 그들'로 하는 경우)

1	They make my family always happy
2	They are making my brothers a pet house
3	They made up their minds to live by themselves
4	They were making up then to go out
5	They have made the money to be rich for a few years
6	They had made sense to live by themselves for a long time
7	They will make for your life happy from now on

- 'make'와 'let'이 혼동되는 이유는 우리말을 혼동해서 사용하기 때문이다.
  He makes me cry – 그는 나를 가끔 *울게 해요*
  He lets me do dishes – 그는 나한테 설거지를 *하게 해요*
- 위의 문장에서 둘 다 '~게 해요'지만 make는 상황을 만드는 것이고 'let'은 행동을 시키는 것이다. 그러므로 우리말로 '~게 해!'는 상황을 만드는 것인지 실제로 시키는 것인지 잘 구별해서 make, let 중에 선택해야 한다. 그러니까 He lets me cry – 그는 나를 울라고 시켰어요(연기 같은)
- make, let은 사역동사이므로 뒤에 오는 'to 부정사'는 'to'를 생략한다. (to cry – cry)

*주어를 'he - 그 남자' 3인칭 단수로 하는 경우

1	He makes his wife always happy
2	he is making my brothers a pet house
3	He made up his mind to live alone
4	He was making up then to go out
5	He has made the money to be rich for a few years
6	He had made sense to live by himself for a long time
7	He will make for your life happy from now on

*1-현재, 2-현재진행, 3-과거, 4-과거진행, 5-현재완료, 6-과거완료, 7-미래

읽기 (1인칭, 2인칭, 3인칭 예문 전체를 읽을 때의 속도)

low	80초	middle	70초	high	60초

읽기 연습용 표

no		no		no	
1		11		21	
2		12		22	
3		13		23	
4		14		24	
5		15		25	
6		16		26	
7		17		27	
8		18		28	
9		19		29	
10		20		30	

- 한번 읽을 때마다 시간을 적고 제시한 속도가 될 때가지 읽어야 헌다.
- 처음 읽을 때 low level, 2번 째 읽을 때 medium, 3번째 읽을 때 high - 중간에 high에 도달하면 더 이상 읽지 않아도 됨.

- 아래 1인칭 문장을 보고 주어를 각각 'they, he'로 바꾸어 읽기

1	I make my wife always happy
2	I am making my brothers a pet house
3	I made up my mind to live alone
4	I was making up then to go out
5	I have made the money to be rich for a few years
6	I had made sense to live by myself for a long time
7	I will make for your life happy from now on

1	They
2	
3	
4	
5	
6	
7	

1	He
2	
3	
4	
5	
6	
7	

읽기 (1인칭, 2인칭, 3인칭 예문 전체를 읽을 때의 속도)

low	90초	**middle**	80초	**high**	70초

읽기 연습용 표

no		no		no	
1		11		21	
2		12		22	
3		13		23	
4		14		24	
5		15		25	
6		16		26	
7		17		27	
8		18		28	
9		19		29	
10		20		30	

- 한번 읽을 때마다 시간을 적고 제시한 속도가 될 때가지 읽어야 헌다.
- 처음 읽을 때 low level, 2번 째 읽을 때 medium, 3번째 읽을 때 high - 중간에 high에 도달하면 더 이상 읽지 않아도 됨.

3.10 **let** (let, letting, let) – 현재(과거, 현재분사, 과거분사 - 과거, 과거분사가 동일)

*1인칭 (주어를 'I – 나'로 하는 경우)

1	I let him go	나는 그 사람을 가게 합니다
2	I am letting him go now	난 지금 그이를 보내는 중이야
3	I let him go late yesterday night	난 어제 밤 늦게 그 사람을 가게 했어
4	I was letting him go then	난 그 때 그 사람을 가게 하고 있었어
5	I have let him study hard	난 걔를 열심히 공부하게 하고 있어
6	I had let him study hard	난 걔를 열심히 공부하게 하고 있었지
7	I will let him go tomorrow	난 내일 그 사람을 가게 할 거야

*2인칭 (주어를 'you – 당신 or 여러분'으로 하는 경우)

'let' 동사에서 주어가 없으면 'you – 당신 or 여러분'을 생략한 것으로 일종의 명령문이라고 볼 수 있다. 그러나 부드러운 명령으로 '간접명령문'이라고 한다. 직역을 하면 '당신들은 내게 ~하게 해주세요'이다

1	Let me introduce myself	제 소개를 하겠습니다 (여러분은 제 자신을 소개하게 해주세요)
2	Let my wife introduce me	제 아내가 저를 소개하겠습니다 (여러분은 아내가 저를 소개하게 해주세요)
3	Let me go	저를 보내주세요 (당신은 저를 가게 해주세요)
4	Let me explain you	당신에게 제가 설명 드리겠습니다 (당신은 제가 당신께 설명하게 해주세요)
5	Let me have a glass of water	물 한잔 주시겠어요? (당신은 제가 물 한잔을 먹게 해주세요)
6	Let's go to lunch (Let us go to lunch)	우리 점심 먹으러 갑시다 (너희들은 우리가 점심을 먹으러 가게 해라)
7	Let's go out (Let us go out)	우리 밖으로 나갑시다 (너희들은 우리가 밖으로 나가게 해라)

*주어를 'she - 그 남자' 3인칭 단수로 하는 경우

1	She lets him go
2	She is letting him go now
3	She let him go late yesterday night
4	She was letting him go then
5	She has let him study hard
6	She had let him study hard
7	She will let him go tomorrow

*1-현재, 2-현재진행, 3-과거, 4-과거진행, 5-현재완료, 6-과거완료, 7-미래

읽기 (1인칭, 2인칭, 3인칭 예문 전체를 읽을 때의 속도)

low	60초	middle	45초	high	35초

읽기 연습용 표

no		no		no	
1		11		21	
2		12		22	
3		13		23	
4		14		24	
5		15		25	
6		16		26	
7		17		27	
8		18		28	
9		19		29	
10		20		30	

- 한번 읽을 때마다 시간을 적고 제시한 속도가 될 때가지 읽어야 헌다.
- 처음 읽을 때 low level, 2번 째 읽을 때 medium, 3번째 읽을 때 high - 중간에 high에 도달하면 더 이상 읽지 않아도 됨.

- 위의 문장을 외워서 한글을 보고 영어로 말하기

1	나는 그 사람을 가게 합니다
2	난 지금 그이를 보내는 중이야
3	난 어제 밤 늦게 그 사람을 가게 했어
4	난 그 때 그 사람을 가게 하고 있었어
5	난 걔를 열심히 공부하게 하고 있어
6	난 걔를 열심히 공부하게 하고 있었지
7	난 내일 그 사람을 가게 할 거야

1	제 소개를 하겠습니다
2	아내가 저를 소개하겠습니다
3	저를 보내주세요
4	제가 설명드리겠습니다
5	물 한잔 주시겠어요?
6	우리 점심 먹으러 가자
7	우리 밖으로 나갑시다

1	그녀가 그를 보내줍니다
2	그녀가 지금 그를 보내는 중이에요
3	그녀가 어제 밤 늦게 그를 가게했어요
4	그녀가 그때 그를 가게하는 중이었어요
5	그녀는 그가 공부 열심히 하게 하고 있어요
6	그녀는 그가 공부 열심히 하게 하고 있었어요
7	그녀는 내일 그를 보내줄 거에요

읽기 (1인칭, 2인칭, 3인칭 예문 전체를 읽을 때의 속도)

low	75초	middle	55초	high	45초

읽기 연습용 표

no		no		no	
1		11		21	
2		12		22	
3		13		23	
4		14		24	
5		15		25	
6		16		26	
7		17		27	
8		18		28	
9		19		29	
10		20		30	

- 한번 읽을 때마다 시간을 적고 제시한 속도가 될 때가지 읽어야 헌다.
- 처음 읽을 때 low level, 2번 째 읽을 때 medium, 3번째 읽을 때 high – 중간에 high에 도달하면 더 이상 읽지 않아도 됨.

Chapter 4. 의문문 익히기
(단순의문문, 내용을 묻는 의문문, 정도를 묻는 의문문)

Yes/No, what, who, where, when, why, which, whether
how, how many, how much, how long,
how often, how old, how far, how about

4.1 Yes, No의 답이 나오는 의문문

*2인칭 (주어를 'you - 너'로 하는 경우)

1	Do you walk in the park every morning with your family?	너는 가족들이랑 아침마다 공원을 걷니?
2	Are you walking in the park now with your family?	지금 가족들이랑 공원을 걷고 있니?
3	Did you walk in the park yesterday with your family?	너 어저께 가족들이랑 공원을 걸었니?
4	Were you walking in the park then with your family?	너 그때 가족들이랑 공원을 걷는 중이었니?
5	Have you made a pet house in the garage since last week?	지난주 이후부터 차고에서 애완동물 집을 만들고 있니?
6	Had you made your kid a pet house in the garage for a few days?	너 몇 일 동안 너의 아이한테 강아지집을 만들고 있었니?
7	Will you make your kid happy from now on?	너 지금부터 너의 아이를 행복하게 해 줄 거지?

*1-현재, 2-현재진행, 3-과거, 4-과거진행, 5-현재완료, 6-과거완료, 7-미래

● 위 문장의 답은 차례로 **Yes**, 다음에
　　I do. I am, I did, I was, I have, I had, I will 이 된다.

*3인칭 (주어를 'they - 그들'로 하는 경우)

1	Do they walk in the park every morning with their family?
2	Are they walking in the park now with their family?
3	Did they walk in the park yesterday with their family?
4	Were they making a pet house in the garage then?
5	Have they made a pet house in the garage since last week?
6	Had they made their kids a pet house in the garage for a few days?
7	Will they make their kids happy from now on?

● 위 문장의 답은 차례로 **Yes**, 다음에
　　they do, they are, they did, they were, they have, they had, they will 이 된다.

*주어를 'he - 그 남자' 3인칭 단수로 하는 경우

1	Does he walk in the park every morning with his family?
2	Is he walking in the park now with his family?
3	Did he walk in the park yesterday with his family?
4	Was he walking in the park then with his family?
5	Has he made a pet house in the garage since last week?
6	Had he made his kid a pet house in the garage for a few days?
7	Will he make his kid happy from now on?

*1-현재, 2-현재진행, 3-과거, 4-과거진행, 5-현재완료, 6-과거완료, 7-미래

- 위 문장의 답은 차례로 **Yes**, 다음에
  He does, he is, he was, he was, he has, he had, he will 이 된다.

읽기 (1인칭, 2인칭, 3인칭 예문 전체를 읽을 때의 속도)

low	100초	**middle**	85초	**high**	70초

읽기 연습용 표

no		no		no	
1		11		21	
2		12		22	
3		13		23	
4		14		24	
5		15		25	
6		16		26	
7		17		27	
8		18		28	
9		19		29	
10		20		30	

- 한번 읽을 때마다 시간을 적고 제시한 속도가 될 때가지 읽어야 헌다.
- 처음 읽을 때 low level, 2번 째 읽을 때 medium, 3번째 읽을 때 high – 중간에 high에 도달하면 더 이상 읽지 않아도 됨.

- 아래 1인칭 의문문을 보고 주어를 각각 'they, he'로 바꾸어 의문문 만들어 읽기

1	Do you walk in the park every morning with your family?
2	Are you walking in the park now with your family?
3	Did you walk in the park yesterday with your family?
4	Were you walking in the park then with your family?
5	Have you made a pet house in the garage since last week?
6	Had you made your kid a pet house in the garage for a few days?
7	Will you make your kid happy from now on?

1	
2	
3	
4	
5	
6	
7	

1	
2	
3	
4	
5	
6	
7	

읽기 (1인칭, 2인칭, 3인칭 예문 전체를 읽을 때의 속도)

low	120초	middle	100초	high	85초

읽기 연습용 표

no		no		no	
1		11		21	
2		12		22	
3		13		23	
4		14		24	
5		15		25	
6		16		26	
7		17		27	
8		18		28	
9		19		29	
10		20		30	

- 한번 읽을 때마다 시간을 적고 제시한 속도가 될 때가지 읽어야 헌다.
- 처음 읽을 때 low level, 2번 째 읽을 때 medium, 3번째 읽을 때 high – 중간에 high에 도달하면 더 이상 읽지 않아도 됨.

4.2 think (thought, thinking, thought) what 의문문 연습

*2인칭 (주어를 ' - 너'로 하는 경우)

1	What do you think?	너 무슨 생각하니?
2	What are you thinking now?	너 지금 무슨 생각을 하고 있니?
3	What did you think late night yesterday?	너 어저께 밤 늦게 무슨 생각을 했니?
4	What were you thinking then?	너 그때 무슨 생각을 하고 있었니?
5	What have you thought for a few months?	너 요 몇 일 동안 무슨 생각을 하고 있었니?
6	What had you thought for a few months?	너 몇 일 동안 무슨 생각을 하는 상태였었니?
7	What will you think from next month?	다음 달부터 무슨 생각을 할 건데?

*1-현재, 2-현재진행, 3-과거, 4-과거진행, 5-현재완료, 6-과거완료, 7-미래

*3인칭 (주어를 'he - 그'로 하는 경우)

1	What does he think?
2	What is he thinking now?
3	What did he think late night yesterday?
4	What was he thinking then?
5	What has he thought for a few months?
6	What had he thought for a few months?
7	What will he think from next month?

*주어를 '가인칭'이거나 의문대명사 자체가 주어인 경우

1	What time is it now?
1	What day is today?
3	What was the animal yesterday?
3	What happened?
4	What was going on then?
5	What has eaten the frog?
7	What animal will eat the snake?

*1-현재, 3-과거, 4-과거진행, 5-현재완료, 7-미래

읽기 (1인칭, 2인칭, 3인칭 예문 전체를 읽을 때의 속도)

low	60초	middle	50초	high	40초

읽기 연습용 표

no		no		no	
1		11		21	
2		12		22	
3		13		23	
4		14		24	
5		15		25	
6		16		26	
7		17		27	
8		18		28	
9		19		29	
10		20		30	

- 한번 읽을 때마다 시간을 적고 제시한 속도가 될 때까지 읽어야 헌다.
- 처음 읽을 때 low level, 2번 째 읽을 때 medium, 3번째 읽을 때 high – 중간에 high에 도달하면 더 이상 읽지 않아도 됨.

- 아래의 우리말을 보고 영어로 말하기

1	너 무슨 생각하니?
2	너 지금 무슨 생각을 하고 있니?
3	너 어저께 밤 늦게 무슨 생각을 했니?
4	너 그때 무슨 생각을 하고 있었니?
5	너 요 몇 일 동안 무슨 생각을 하고 있었니?
6	너 몇 일 동안 무슨 생각을 하는 상태였니?
7	다음 달부터 무슨 생각을 할 건데?

위의 문장에서 주어를 'he'로 바꾸어 말하기

1	
2	
3	
4	
5	
6	
7	

아래의 우리말을 보고 영어로 말하기

1	지금 몇 시인가요?
2	오늘이 무슨 요일이지요?
3	어제 그 동물이 뭐였지?
4	무슨 일이 일어났나요?
5	그때 무슨 일이 일어나고 있었지?
6	그 개구리를 먹은 게 뭐야? (*'have'를 쓰면 'what'이 복수를 의미한다)
7	무슨 동물이 뱀을 먹게 될까요?

읽기 (1인칭, 2인칭, 3인칭 예문 전체를 읽을 때의 속도)

low	80초	middle	70초	high	60초

읽기 연습용 표

no		no		no	
1		11		21	
2		12		22	
3		13		23	
4		14		24	
5		15		25	
6		16		26	
7		17		27	
8		18		28	
9		19		29	
10		20		30	

- 한번 읽을 때마다 시간을 적고 제시한 속도가 될 때가지 읽어야 헌다.
- 처음 읽을 때 low level, 2번 째 읽을 때 medium, 3번째 읽을 때 high – 중간에 high에 도달하면 더 이상 읽지 않아도 됨.

4.3 **wait** (waited, waiting, waited) **who** 의문문 연습

*2인칭 (주어를 ' - 너'로 하는 경우)

1	Who do you wait for?	너 누구 기다리니?
2	Who are you waiting for in front of his house now?	너 지금 그 사람 집 앞에서 누구 기다리는 중이지?
3	Who did you wait for in front of his house at 11:00 AM on Feb 24th?	너 2월 24일 오전 11시에 그 사람 집 앞에서 누구를 기다렸니?
4	Who were you waiting for in front of his house at 11:00 AM yesterday?	너 어제 오전 11시 그 사람 집 앞에서 누구를 기다리는 중이었니?
5	Who have you waited since last meeting?	너 지난번 미팅 이후부터 누구를 기다리고 있는 거니?
6	Who had you waited since last meeting?	너 지난번 미팅 이후부터 누구를 기다렸었니?
7	Who will you wait for in front of his house tomorrow?	누 내일 그 사람 집 앞에서 누구를 기다리려고 하는 거니?

*1-현재, 2-현재진행, 3-과거, 4-과거진행, 5-현재완료, 6-과거완료, 7-미래

*3인칭 (주어를 'she - 그녀'로 하는 경우)

1	Who does she wait for?
2	Who is she waiting for in front of his house now?
3	Who did she wait for in front of his house at 11:00 AM on Feb 24th?
4	Who was she waiting for in front of his house at 11:00 AM yesterday?
5	Who has she waited since last meeting?
6	Who had she waited since last meeting?
7	Who will she wait for in front of his house tomorrow?

*주어가 의문대명사 'who' 자체인 경우

1	Who waits for you?
2	Who is waiting for you there now?
3	Who waited for you in front of your house at 11:00 AM yesterday?
4	Who was waiting for you in front of your house yesterday?
5	Who has waited for you in front of your house for 5 hours?
6	Who had waited for you in front of your house for a long time?
7	Who will wait for you in front of your house at 11:00 AM tomorrow?

*1-현재, 2-현재진행, 3-과거, 4-과거진행, 5-현재완료, 6-과거완료, 7-미래

읽기 (1인칭, 2인칭, 3인칭 예문 전체를 읽을 때의 속도)

low	140초	middle	125초	high	110초

읽기 연습용 표

no		no		no	
1		11		21	
2		12		22	
3		13		23	
4		14		24	
5		15		25	
6		16		26	
7		17		27	
8		18		28	
9		19		29	
10		20		30	

- 한번 읽을 때마다 시간을 적고 제시한 속도가 될 때까지 읽어야 헌다.
- 처음 읽을 때 low level, 2번 째 읽을 때 medium, 3번째 읽을 때 high – 중간에 high에 도달하면 더 이상 읽지 않아도 됨.

- 아래의 우리말을 보고 영어로 말하기

1	너 누구 기다리니?
2	너 지금 그 사람 집 앞에서 누구 기다리는 중이지?
3	너 2월 24일 오전 11시에 그 사람 집 앞에서 누구를 기다렸니?
4	너 어제 오전 11시 그 사람 집 앞에서 누구를 기다리는 중이었니?
5	너 지난번 미팅 이후부터 누구를 기다리고 있는 거니?
6	너 지난번 미팅 이후부터 누구를 기다렸었니?
7	누 내일 그 사람 집 앞에서 누구를 기다리려고 하는 거니?

위의 문장에서 주어를 'she'로 바꾸어 말하기

1	
2	
3	
4	
5	
6	
7	

아래의 우리말을 보고 영어로 말하기

1	너를 기다리는 사람이 누구니?
2	지금 거기서 너를 기다리고 있는 사람이 누구니?
3	어제 오전 11시 너의 집 앞에서 너를 기다렸던 사람이 누구지?
4	어제 너의 집 앞에서 너를 기다리고 있었던 사람이 누구였니?
5	5시간 째 너의 집 앞에서 너를 기다리고 있는 사람이 누구지?
6	오랜 동안 너의 집 앞에서 너를 기다렸던 사람이 누구였지?
7	내일 오전 11시에 너의 집 앞에서 누가 너를 기다리기로 했지?

읽기 (1인칭, 2인칭, 3인칭 예문 전체를 읽을 때의 속도)

low	165초	**middle**	140초	**high**	130초

읽기 연습용 표

no		no		no	
1		11		21	
2		12		22	
3		13		23	
4		14		24	
5		15		25	
6		16		26	
7		17		27	
8		18		28	
9		19		29	
10		20		30	

- 한번 읽을 때마다 시간을 적고 제시한 속도가 될 때가지 읽어야 헌다.
- 처음 읽을 때 low level, 2번 째 읽을 때 medium, 3번째 읽을 때 high - 중간에 high에 도달하면 더 이상 읽지 않아도 됨.

4.4 **work** (worked, working, worked) **where** 의문문 연습
*2인칭 (주어를 ' - 너'로 하는 경우)

1	Where do you work in the afternoon?	너는 오후에 어디서 일하니?
2	Where are you working now?	너 지금 어디서 일하고 있니?
3	Where did you work in the afternoon a week ago?	일주일 전 오후에 너 어디서 일했니?
4	Where were you working at noon last holiday?	너 지난 휴일 정오에 어디서 일하는 중이었니?
5	Where have you worked all day long every weekend from last year?	너 지난 해부터 매주 주말마다 하루 종일 어디서 일을 하고 있는 거니?
6	Where had you worked all day long every weekend in the past year?	너 지난 해 주말마다 하루 종일 일했던 곳이 어디였니?
7	Where will you work from beginning of next month?	너 다음 달 초부터 일하는데 어디지?

*1-현재, 2-현재진행, 3-과거, 4-과거진행, 5-현재완료, 6-과거완료, 7-미래

*3인칭 복수 (주어를 'they - 그들'로 하는 경우)

1	Where do they work in the afternoon?
2	Where are they working now?
3	Where did they work in the afternoon a week ago?
4	Where were they working at noon last holiday?
5	Where have they worked all day long every weekend from last year?
6	Where had they worked all day long every weekend in the past year?
7	Where will they work from beginning of next month?

*3인칭 (주어를 'he – 그'로 하는 경우)

1	Where does he work in the afternoon?
2	Where is he working now?
3	Where did he work in the afternoon a week ago?
4	Where was he working at noon last holiday?
5	Where has he worked all day long every weekend from last year?
6	Where had he worked all day long every weekend in the past year?
7	Where will he work from beginning of next month?

*1-현재, 2-현재진행, 3-과거, 4-과거진행, 5-현재완료, 6-과거완료, 7-미래

읽기 (1인칭, 2인칭, 3인칭 예문 전체를 읽을 때의 속도)

low	80초	middle	70초	high	60초

읽기 연습용 표

no		no		no	
1		11		21	
2		12		22	
3		13		23	
4		14		24	
5		15		25	
6		16		26	
7		17		27	
8		18		28	
9		19		29	
10		20		30	

- 한번 읽을 때마다 시간을 적고 제시한 속도가 될 때까지 읽어야 헌다.
- 처음 읽을 때 low level, 2번 째 읽을 때 medium, 3번째 읽을 때 high – 중간에 high에 도달하면 더 이상 읽지 않아도 됨.

- 아래의 우리말을 보고 영어로 말하기

1	너는 오후에 어디서 일하니?
2	너 지금 어디서 일하고 있니?
3	일주일 전 오후에 너 어디서 일했니?
4	너 지난 휴일 정오에 어디서 일하는 중이었니?
5	너 지난 해부터 매주 주말마다 하루 종일 어디서 일을 하고 있는 거니?
6	너 지난 해 주말마다 하루 종일 일했던 곳이 어디였니?
7	너 다음 달 초부터 일하는 데가 어디지?

위의 문장에서 주어를 '너'에서 '그들-they'로 바꾸어 문장을 만들기

1	
2	
3	
4	
5	
6	
7	

위의 문장에서 주어를 'he'로 바꾸어 만들기

1	
2	
3	
4	
5	
6	
7	

읽기 (1인칭, 2인칭, 3인칭 예문 전체를 읽을 때의 속도)

low	95초	middle	85초	high	75초

읽기 연습용 표

no		no		no	
1		11		21	
2		12		22	
3		13		23	
4		14		24	
5		15		25	
6		16		26	
7		17		27	
8		18		28	
9		19		29	
10		20		30	

- 한번 읽을 때마다 시간을 적고 제시한 속도가 될 때가지 읽어야 헌다.
- 처음 읽을 때 low level, 2번 째 읽을 때 medium, 3번째 읽을 때 high – 중간에 high에 도달하면 더 이상 읽지 않아도 됨.

4.5 **begin** (began, beginning, begun) **when** 의문문 연습

*2인칭 (주어를 ' - 너'로 하는 경우)

1	When do you begin the production?	생산이 언제부터 시작되지요?
1	When do you begin to work?	넌 언제부터 일하니?
3	When did you begin the production?	생산이 언제 시작되었나요?
3	When did you begin to work yesterday?	너 어제 언제부터 일했니?
5	When have you begun the production since 2010?	넌 2010년 이후 언제 그 생산을 시작했지?
6	When had you begun to work for 2010?	너 2010년 언제부터 일하기 시작했니?
7	When will you begin to study English?	너 영어공부를 언제 시작할 거니?
	when은 기본적으로 미래를 의미하기 때문에 현재형으로 말하지만 먼 미래 아직 확정되지 않은 일은 미래형을 쓴다.	

*1-현재, 3-과거, 5-현재완료, 6-과거완료, 7-미래

*3인칭 (주어를 'she - 그녀'로 하는 경우)

1	When does she begin the production?
2	When does she begin to work?
3	When did she begin the production?
4	When did she begin to work yesterday?
5	When has she begun the production since 2010?
6	When had she begun to work for 2010?
7	When will she begin to study English?

*3인칭 (주어가 가인칭 'it'거나 의문대명사 자체 혹은 보어인 경우)

1	When is Mother's day?
1	When is it open?
1	When is a new brand coming out?
1	When is it convenient time for you?
1	When is the next flight to Seoul?
3	When was it open?
4	When was a new brand coming out?

*1-현재, 3-과거, 4-과거진행

읽기 (1인칭, 2인칭, 3인칭 예문 전체를 읽을 때의 속도)

low	70초	middle	60초	high	50초

읽기 연습용 표

no		no		no	
1		11		21	
2		12		22	
3		13		23	
4		14		24	
5		15		25	
6		16		26	
7		17		27	
8		18		28	
9		19		29	
10		20		30	

- 한번 읽을 때마다 시간을 적고 제시한 속도가 될 때까지 읽어야 헌다.
- 처음 읽을 때 low level, 2번 째 읽을 때 medium, 3번째 읽을 때 high – 중간에 high에 도달하면 더 이상 읽지 않아도 됨.

- 아래의 우리말을 보고 영어로 말하기

1	생산이 언제부터 시작되지요?
2	넌 언제부터 일하니?
3	생산이 언제 시작되었나요?
4	너 어제 언제부터 일했니?
5	넌 2010년 이후 언제 생산을 시작했지?
6	너 2010년 언제부터 일하기 시작했니?
7	너 영어공부를 언제 시작할 거니?

위의 문장에서 주어를 '너'에서 '그녀-she'로 바꾸어 문장을 만들기

1	
2	
3	
4	
5	
6	
7	

다음 문장을 영어로 말하기

1	어머니날이 언제지요?
2	언제 열어요?
3	새로운 상품이 언제 나오나요?
4	당신한테 편한 시간이 언제이신가요?
5	서울로 가는 다음 비행기가 언제 있나요?
6	언제 열었지요?
7	새로운 브랜드가 나온 게 언제인가요?

읽기 (1인칭, 2인칭, 3인칭 예문 전체를 읽을 때의 속도)

low	90초	middle	80초	high	60초

읽기 연습용 표

no		no		no	
1		11		21	
2		12		22	
3		13		23	
4		14		24	
5		15		25	
6		16		26	
7		17		27	
8		18		28	
9		19		29	
10		20		30	

- 한번 읽을 때마다 시간을 적고 제시한 속도가 될 때가지 읽어야 헌다.
- 처음 읽을 때 low level, 2번 째 읽을 때 medium, 3번째 읽을 때 high – 중간에 high에 도달하면 더 이상 읽지 않아도 됨.

4.6 <u>change</u> (changed, changing, changed) **why** 의문문 연습

*2인칭 (주어를 ' - 너'로 하는 경우)

1	Why do you change your plan?	넌 왜 계획을 바꾸려는 거지?
2	Why are you changing your plan now?	너 지금 계획을 왜 바꾸고 있는 거니?
3	Why did you change your plan last week?	너 지난 주에 계획을 왜 바꾸었니?
4	Why were you changing your plan then?	너 그때 계획을 바꾸고 있었던 이유가 뭐지?
5	Why have you changed your plan already?	너 이미 계획을 바꾸어 놓은 이유가 뭐니?
6	Why had you changed your plan already at that time?	너 그 당시 계획을 바꾼 이유가 뭐였지?
7	Why will you change your idea?	넌 너의 아이디어를 언제 바꿀 거지?

*1-현재, 2-현재진행, 3-과거, 4-과거진행, 5-현재완료, 6-과거완료, 7-미래

*3인칭 (주어를 'he - 그'로 하는 경우)

1	Why does he change his plan?
2	Why is he changing his plan now?
3	Why did he change his plan last week?
4	Why was he changing his plan then?
5	Why has he changed his plan already?
6	Why had he changed his plan already at that time?
7	Why will he change his idea?

*3인칭 (주어가 가인칭 'it'이거나 의문대명사인 경우)

1	Why is it difficult to change the plan?
1	Why is English important?
1	Why is it hard for me to speak English?
3	Why was it difficult to change the plan?
3	Why was it hard for you to speak English then?
5	Why has it been hard for us to study English?
7	Why will it be hard for them to learn cooking Korean food?

*1-현재, 3-과거, 5-현재완료, 7-미래

읽기 (1인칭, 2인칭, 3인칭 예문 전체를 읽을 때의 속도)

low	70초	middle	55초	high	50초

읽기 연습용 표

no		no		no	
1		11		21	
2		12		22	
3		13		23	
4		14		24	
5		15		25	
6		16		26	
7		17		27	
8		18		28	
9		19		29	
10		20		30	

- 한번 읽을 때마다 시간을 적고 제시한 속도가 될 때가지 읽어야 헌다.
- 처음 읽을 때 low level, 2번 째 읽을 때 medium, 3번째 읽을 때 high – 중간에 high에 도달하면 더 이상 읽지 않아도 됨.

- 아래의 우리말을 보고 영어로 말하기

1	넌 왜 계획을 바꾸려는 거지?
2	너 지금 계획을 왜 바꾸고 있는 거니?
3	너 지난 주에 계획을 왜 바꾸었니?
4	너 그때 계획을 바꾸고 있었던 이유가 뭐지?
5	너 이미 계획을 바꾸어 놓은 이유가 뭐니?
6	너 그 당시 계획을 바꾼 이유가 뭐였지?
7	넌 너의 아이디어를 언제 바꿀 거지?

위의 문장에서 주어를 '너'에서 '그 - he'로 바꾸어 문장을 만들기

1	
2	
3	
4	
5	
6	
7	

다음 문장을 영어로 말하기

1	계획을 바꾸기 어려운 이유가 뭔가요?
2	왜 영어가 중요하지요?
3	나한테는 왜 영어로 말하는 게 어려운 거지요?
4	계획을 바꾸는 게 왜 어려웠나요?
5	너한텐 그때 왜 영어로 말하는 게 힘들었니?
6	그동안 영어로 말하는 게 우리한테 왜 힘들었지요?
7	한국 요리를 배우는 게 그들에게는 왜 힘들어질까요?

읽기 (1인칭, 2인칭, 3인칭 예문 전체를 읽을 때의 속도)

low	85초	middle	70초	high	55초

읽기 연습용 표

no		no		no	
1		11		21	
2		12		22	
3		13		23	
4		14		24	
5		15		25	
6		16		26	
7		17		27	
8		18		28	
9		19		29	
10		20		30	

- 한번 읽을 때마다 시간을 적고 제시한 속도가 될 때가지 읽어야 헌다.
- 처음 읽을 때 low level, 2번 째 읽을 때 medium, 3번째 읽을 때 high – 중간에 high에 도달하면 더 이상 읽지 않아도 됨.

4.7 which, whether 의문문 연습

*2인칭 (주어를 ' - 너'로 하는 경우)

1	Which of girls do you talk to these days?	너 요즘 어느 소녀와 대화를 나누는 거니?
2	Which of girls are you talking to now?	너 지금 어느 소녀와 대화를 하는 거니?
3	Which of girls did you talk to last night?	너 어제 밤 어느 소녀와 말을 했니?
4	Which of girls were you talking to then?	너 그때 어느 소녀와 말을 하고 있었니?
5	Which of girls has you talked to every evening?	너 매일 저녁마다 어느 소녀와 말을 나누고 있는 거니?
6	Which of girls had you talked to?	너 어느 소녀와 말을 했었니?
7	Which of girls will you talk to?	너 어느 소녀와 말을 할 거니?

*1-현재, 2-현재진행, 3-과거, 4-과거진행, 5-현재완료, 6-과거완료, 7-미래

*3인칭 (주어를 'my friend - 내 친구'로 하는 경우)

1	Which of girls does my friend talk to these days?
2	Which of girls is my friend talking to now?
3	Which of girls did my friend talk to last night?
4	Which of girls was my friend talking to then?
5	Which of girls has my friend talked to every evening?
6	Which of girls had my friend talked to?
7	Which of girls will my friend talk to?

*주어가 which 자체 혹은 가인칭 'it'인 경우 그리고 복문장인 경우

1	Which of television works better?
2	Which of the men are you in the picture?
3	Which do you like better the book or movie?
4	Which cup is yours?
5	I don't know whether it rains or not today
6	I am not sure whether we can finish our homework within today
7	Whether or not you watch Korean soccer game, we will win tonight

*1-현재, 복문장

읽기 (1인칭, 2인칭, 3인칭 예문 전체를 읽을 때의 속도)

low	90초	middle	75초	high	60초

읽기 연습용 표

no		no		no	
1		11		21	
2		12		22	
3		13		23	
4		14		24	
5		15		25	
6		16		26	
7		17		27	
8		18		28	
9		19		29	
10		20		30	

- 한번 읽을 때마다 시간을 적고 제시한 속도가 될 때가지 읽어야 헌다.
- 처음 읽을 때 low level, 2번 째 읽을 때 medium, 3번째 읽을 때 high - 중간에 high에 도달하면 더 이상 읽지 않아도 됨.

- 아래의 우리말을 보고 영어로 말하기

1	너 요즘 어느 소녀와 대화를 나누는 거니?
2	너 지금 어느 소녀와 대화를 하는 거니?
3	너 어제 밤 어느 소녀와 말을 했니?
4	너 그때 어느 소녀와 말을 하고 있었니?
5	너 매일 저녁마다 어느 소녀와 말을 나누고 있는 거니?
6	너 어느 소녀와 말을 했었니?
7	너 어느 소녀와 말을 할 거니?

위의 문장에서 주어를 '너'에서 '내 친구 – my friend'로 바꾸어 문장을 만들기

1	
2	
3	
4	
5	
6	
7	

다음 문장을 영어로 말하기

1	어느 텔레비전이 더 잘 나오나요?
2	사진 속에 남자들 중에 누가 너니?
3	책과 영화 중에 넌 뭐가 더 좋으니?
4	어느 컵이 당신 거지요?
5	오늘 비가 올지 안올지 난 모르겠어
6	난 오늘 중에 숙제를 우리가 끝낼 수 있을지 없을지 확신이 없어
7	네가 오늘 한국 축구를 보든 안보든 우리가 이길 거야

읽기 (1인칭, 2인칭, 3인칭 예문 전체를 읽을 때의 속도)

low	100초	**middle**	90초	**high**	80초

읽기 연습용 표

no		no		no	
1		11		21	
2		12		22	
3		13		23	
4		14		24	
5		15		25	
6		16		26	
7		17		27	
8		18		28	
9		19		29	
10		20		30	

- 한번 읽을 때마다 시간을 적고 제시한 속도가 될 때가지 읽어야 헌다.
- 처음 읽을 때 low level, 2번 째 읽을 때 medium, 3번째 읽을 때 high – 중간에 high에 도달하면 더 이상 읽지 않아도 됨.

4.8 how 의문문 연습

*2인칭 (주어를 ' - 너'로 하는 경우)

1	How do you cook Korean food?	한국 요리는 어떻게 하지요?
2	How are you cooking Korean food?	한국 요리를 어떻게 요리하고 있나요?
3	How did you cook the Korean noodles at the last party?	지난 파티에서 한국국수는 어떻게 요리했지요?
5	How have you cooked the Korean noodles staying in the U.S?	미국에 머무는 동안 한국 국수는 어떻게 요리를 하고 있나요?
5	How have you been? (I have been fine)	그 동안 어떻게 지내고 있니? (그 동안 잘 지내고 있어)
6	How had you cooked the Korean noodles during staying in the U.S?	미국에 머무는 동안 한국 국수 요리는 어떻게 했나요?
7	How will you cook Korean food?	한국 요리는 어떻게 요리할 예정인가요?

*1-현재, 2-현재진행, 3-과거, 5-현재완료, 6-과거완료, 7-미래

*3인칭 (주어를 'your friend - 네 친구'로 하는 경우)

1	How does your friend cook Korean food?
2	How is your friend cooking Korean food?
3	How did your friend cook the Korean noodles at the last party?
5	How has your friend cooked the Korean noodles staying in the U.S?
5	How has your friend been?
6	How had your friend cooked the Korean noodles during staying in the U.S?
7	How will your friend cook Korean food?

*다양한 인사말 (하지만 인사말에 따라 의미가 조금씩 다르고 당연히 답도 달라야 한다)

1	How do you do? (안녕하세요? I am fine)	
2	How are you doing? (어떻게 하고 계세요? - I am doing well)	
2	How is it going? (어떻게 되어가고 있나요? - It is going well)	
3	How was your business? (당신 사업은 어땠나요? - It was not so good)	
4	How was it going? (어떻게 되어가고 있었나요? - It was going not bad)	
5	How has your business been? (그 동안 사업은 어떠세요? - It has been good)	
1	I don't know how to do (어떻게 해야 될 지 모르겠어요 - You can do well)	

*1-현재, 2-현재진행, 3-과거, 4-과거진행, 5-현재완료

읽기 (1인칭, 2인칭, 3인칭 예문 전체를 읽을 때의 속도)

low	70초	middle	60초	high	50초

읽기 연습용 표

no		no		no	
1		11		21	
2		12		22	
3		13		23	
4		14		24	
5		15		25	
6		16		26	
7		17		27	
8		18		28	
9		19		29	
10		20		30	

● 한번 읽을 때마다 시간을 적고 제시한 속도가 될 때까지 읽어야 헌다.
● 처음 읽을 때 low level, 2번 째 읽을 때 medium, 3번째 읽을 때 high – 중간에 high에 도달하면 더 이상 읽지 않아도 됨.

- 아래의 우리말을 보고 영어로 말하기

1	한국 요리는 어떻게 하지요?
2	한국 요리를 어떻게 요리하고 있나요?
3	지난 파티에서 한국국수는 어떻게 요리했지요?
4	미국에 머무는 동안 한국 국수는 어떻게 요리를 하고 있나요?
5	그 동안 어떻게 지내고 있니?
6	미국에 머무는 동안 한국 국수 요리는 어떻게 했나요?
7	한국 요리는 어떻게 요리할 예정인가요?

위의 문장에서 주어를 '너'에서 '내 친구 – your friend'로 바꾸어 문장을 만들기

1	
2	
3	
4	
5	
6	
7	

다음 문장을 영어로 말하기

1	안녕하세요? (전 좋습니다)
2	어떻게 하고 계세요? (잘 하고 있습니다)
3	어떻게 되어가고 있나요? (잘 되어가고 있습니다)
4	당신 사업은 어땠나요? (그다지 좋지 않았습니다)
5	어떻게 되어가고 있었나요? (나쁘지 않게 가고 있었습니다)
6	그 동안 사업은 어떠세요? (그 동안 좋았습니다)
7	어떻게 해야 될 지 모르겠어요. (당신은 잘 할 수 있을 겁니다)

읽기 (1 인칭, 2 인칭, 3 인칭 예문 전체를 읽을 때의 속도)

low	90초	middle	80초	high	60초

읽기 연습용 표

no		no		no	
1		11		21	
2		12		22	
3		13		23	
4		14		24	
5		15		25	
6		16		26	
7		17		27	
8		18		28	
9		19		29	
10		20		30	

- 한번 읽을 때마다 시간을 적고 제시한 속도가 될 때가지 읽어야 헌다.
- 처음 읽을 때 low level, 2번 째 읽을 때 medium, 3번째 읽을 때 high – 중간에 high에 도달하면 더 이상 읽지 않아도 됨.

4.9 how many 의문문 연습

*2인칭 (주어를 ' - 당신'으로 하는 경우)

1	How many nights do you stay at the hotel?	그 호텔에 몇 일 동안 머무르실 건가요?
1	How many books do you give your son in a month?	당신은 한 달에 책을 몇 권이나 아들에게 주시나요?
1	How many days do you let your daughter play tennis in a week?	당신은 일주일에 몇 번이나 딸에게 테니스를 치게 하시나요?
3	How many times did you let her play tennis last week?	당신은 지난 주에 딸에게 몇 번 테니스를 치게 했나요?
5	How many times have you let her play tennis since last week?	당신은 지난주 이후부터 딸에게 몇 번이나 테니스를 치게 하고 있어요?
7	How many times will you let her play the piano in a week?	당신은 일주일에 몇 번이나 딸에게 피아노를 치게 할 건가요?

*1-현재, 3-과거, 5-현재완료, 7-미래

*3인칭 (주어를 'your father - 너의 아빠'로 하는 경우)

1	How many times does your father go to see the movie in a month?
1	How many nights does your father stay in the hotel?
1	How many books does your father give your sister in a month?
1	How many days does your father let your brother play tennis in a week?
3	How many times did your father let her play tennis last week?
5	How many times has your father let her play tennis since last week?
7	How many times will your father let her play the piano in a week?

*다양한 how many의 표현들

1	How many laptops are on the desk?
1	How many people are there?
1	How many emails does your boyfriend send you a day?
3	How many calories per day did you need?
5	How many has Brazil won the world cup?
6	How many people had been there?
7	How many emails will you send your girlfriend everyday?

*1-현재, 3-과거, 5-현재완료, 6-과거완료, 7-미래

읽기 (1인칭, 2인칭, 3인칭 예문 전체를 읽을 때의 속도)

low	90초	middle	80초	high	70초

읽기 연습용 표

no		no		no	
1		11		21	
2		12		22	
3		13		23	
4		14		24	
5		15		25	
6		16		26	
7		17		27	
8		18		28	
9		19		29	
10		20		30	

- 한번 읽을 때마다 시간을 적고 제시한 속도가 될 때가지 읽어야 헌다.
- 처음 읽을 때 low level, 2번 째 읽을 때 medium, 3번째 읽을 때 high – 중간에 high에 도달하면 더 이상 읽지 않아도 됨.

- 아래의 우리말을 보고 영어로 말하기

1	그 호텔에 몇 일 동안 머무르실 건가요?
1	당신은 한 달에 책을 몇 권이나 아들에게 주시나요?
1	당신은 일주일에 몇 번이나 딸에게 테니스를 치게 하시나요?
3	당신은 지난 주에 딸에게 몇 번 테니스를 치게 했나요?
5	당신은 지난주 이후부터 딸에게 몇 번이나 테니스를 치게 하고 있어요?
7	당신은 일주일에 몇 번이나 딸에게 피아노를 치게 할 건가요?

위의 문장을 보고 영어로 말하기

1	당신 아버님은 한 달에 몇 번이나 영화를 보러 가세요?
2	너희 아버지는 저 호텔에 몇 일이나 묵으시니?
3	너희 아빠는 누나한테 한 달에 책을 몇 권이나 주시니?
4	너희 아빠는 형한테 일주일에 몇 일이나 테니스를 하게 하시니?
5	너희 아빠는 지난 주에 그녀에게 몇 번이나 테니스를 치게 하셨니?
6	너희 아빠는 지난 주 이후부터 그녀에게 몇 번이나 테니스를 치게 하셨니?
7	너희 아빠는 그녀한테 일주일에 몇 번 피아노를 치게 하실거니?

다음 문장을 영어로 말하기

1	책상 위에 노트북이 몇 개 있지요?
2	얼마나 많은 사람들이 있나요?
3	너의 남자친구는 너에게 하루에 email을 몇 번이나 보내니?
4	너한텐 하루에 얼마나 칼로리가 필요했지?
5	브라질이 월드컵에서 몇 번 우승했지요?
6	거기에 사람들이 얼마나 있었나요?
7	너는 여자친구한테 매일 메일을 몇 개나 보내는 거니?

읽기 (1인칭, 2인칭, 3인칭 예문 전체를 읽을 때의 속도)

low	100초	middle	90초	high	80초

읽기 연습용 표

no		no		no	
1		11		21	
2		12		22	
3		13		23	
4		14		24	
5		15		25	
6		16		26	
7		17		27	
8		18		28	
9		19		29	
10		20		30	

- 한번 읽을 때마다 시간을 적고 제시한 속도가 될 때가지 읽어야 헌다.
- 처음 읽을 때 low level, 2번 째 읽을 때 medium, 3번째 읽을 때 high - 중간에 high에 도달하면 더 이상 읽지 않아도 됨.

4.10 **how much** 의문문 연습

*1,2인칭 (주어를 '나 혹은 당신'으로 하는 경우)

1	How much do I pay for this?	이것을 위해 얼마를 드리면 되지요?
2	How much are you paying for this?	당신은 지금 이것을 위해 얼마를 주고 있나요?
3	How much did you pay for it?	너 이거 얼마 주고 샀니?
4	How much were you paying for it then?	너 그때 이거를 위해 얼마를 주고 있었니?
5	How much have you paid for the rent fee every month?	당신은 매월 임대료를 얼마나 내고 있나요?
6	How much had you paid for the rent fee every month?	당신은 매월 임대료를 얼마나 내고 있었나요?
7	How much will you pay for this?	당신은 이것에 대해 얼마나 줄 건가요

*1-현재, 2-현재진행, 3-과거, 4-과거진행, 5-현재완료, 6-과거완료, 7-미래

*3인칭 (주어를 'he - 그 남자'로 하는 경우)

1	How much does he pay for this?
2	How much is he paying for this?
3	How much did he pay for it?
4	How much was he paying for it then?
5	How much has he paid for the rent fee every month?
6	How much had he paid for the rent fee every month?
7	How much will he pay for this?

*다양한 how much의 표현들

1	How much is this?
1	How much do you study in a day?
1	How much do I owe you?
1	How much water do you drink a day?
1	How much do I pay for you?
3	How much did you work a day in a week?
7	How much will it cost?

*1-현재, 3-과거, 7-미래

읽기 (1인칭, 2인칭, 3인칭 예문 전체를 읽을 때의 속도)

low	70초	**middle**	60초	**high**	50초

읽기 연습용 표

no		no		no	
1		11		21	
2		12		22	
3		13		23	
4		14		24	
5		15		25	
6		16		26	
7		17		27	
8		18		28	
9		19		29	
10		20		30	

- 한번 읽을 때마다 시간을 적고 제시한 속도가 될 때가지 읽어야 헌다.
- 처음 읽을 때 low level, 2번 째 읽을 때 medium, 3번째 읽을 때 high – 중간에 high에 도달하면 더 이상 읽지 않아도 됨.

- 아래의 우리말을 보고 영어로 말하기

1	이 것을 위해 얼마를 드리면 되지요?
2	당신은 지금 이것을 위해 얼마를 주고 있나요?
3	너 이거 얼마 주고 샀니?
4	너 그때 이거를 위해 얼마를 주고 있었니?
5	당신은 매월 임대료를 얼마나 내고 있나요?
6	당신은 매월 임대료를 얼마나 내고 있었나요?
7	당신은 이것에 대해 얼마나 줄 건가요

위의 문장을 보고 주어를 'he'로 바꾸어 영어로 말하기

1	
2	
3	
4	
5	
6	
7	

다음 문장을 영어로 말하기

1	이것은 얼마인가요?
1	넌 하루에 얼마나 공부를 하니?
1	얼마들 드리면 되지요? (값을 물을 때 공손한 표현)
1	넌 하루에 물을 얼마나 마시니?
1	제가 얼마를 지불하나요?
3	일주일에 얼마나 일하시나요?
7	비용이 얼마나 들게 될까요?

읽기 (1인칭, 2인칭, 3인칭 예문 전체를 읽을 때의 속도)

low	95초	middle	80초	high	70초

읽기 연습용 표

no		no		no	
1		11		21	
2		12		22	
3		13		23	
4		14		24	
5		15		25	
6		16		26	
7		17		27	
8		18		28	
9		19		29	
10		20		30	

- 한번 읽을 때마다 시간을 적고 제시한 속도가 될 때가지 읽어야 헌다.
- 처음 읽을 때 low level, 2번 째 읽을 때 medium, 3번째 읽을 때 high – 중간에 high에 도달하면 더 이상 읽지 않아도 됨.

4.11 **how long** 의문문 연습

*2인칭 (주어를 you - 당신'으로 하는 경우)

1	How long do you plan to stay in Seoul?	서울에 얼마나 머무를 계획인가요?
2	How long are you planning to stay in Seoul?	서울에 얼마나 머물 계획을 하고 있나요?
3	How long did you plan to stay in Seoul?	서울에 얼마나 머물 계획을 했나요?
4	How long were you planning to stay in Seoul?	서울에 얼마나 머물 계획을 하고 있었나요?
5	How long have you been nervous?	얼마나 신경이 곤두서있는 거니?
6	How long had you been nervous?	얼마나 신경이 쓰였었나요?
7	How long will you give the poor the foods?	가난한 사람들에게 얼마 동안이나 음식을 줄 건가요?

*1-현재, 2-현재진행, 3-과거, 4-과거진행, 5-현재완료, 6-과거완료, 7-미래

*3인칭 (주어를 'she - 그 여자'로 하는 경우)

1	How long does she plan to stay in Seoul?
2	How long is she planning to stay in Seoul?
3	How long did she plan to stay in Seoul?
4	How long was she planning to stay in Seoul?
5	How long has she been nervous?
6	How long had she been nervous?
7	How long will she give the poor foods?

*다양한 how long의 표현들

1	How long is it on for?
1	How long a journey is it?
2	How long are you travelling in Europe?
3	How long did it take to get there on foot?
5	How long have you been here?
5	How long have you lived here in Seoul?
7	How long will the training last?

*1-현재, 2-현재진행, 3-과거, 5-현재완료, 7-미래

- 'travelling', 'travelling' 둘 다 사용해도 좋다

읽기 (1인칭, 2인칭, 3인칭 예문 전체를 읽을 때의 속도)

low	70초	middle	60초	high	50초

읽기 연습용 표

no		no		no	
1		11		21	
2		12		22	
3		13		23	
4		14		24	
5		15		25	
6		16		26	
7		17		27	
8		18		28	
9		19		29	
10		20		30	

- 한번 읽을 때마다 시간을 적고 제시한 속도가 될 때까지 읽어야 헌다.
- 처음 읽을 때 low level, 2번 째 읽을 때 medium, 3번째 읽을 때 high – 중간에 high에 도달하면 더 이상 읽지 않아도 됨.

- 아래의 우리말을 보고 영어로 말하기

1	서울에 얼마나 머무를 계획인가요?
2	서울에 얼마나 머물 계획을 하고 있나요?
3	서울에 얼마나 머물 계획을 했나요?
4	서울에 얼마나 머물 계획을 하고 있었나요?
5	얼마나 신경이 곤두서있는 거니?
6	얼마나 신경이 쓰였었나요?
7	가난한 사람들에게 얼마 동안이나 음식을 줄 건가요?

위의 문장을 보고 주어를 'she'로 바꾸어 영어로 말하기

1	
2	
3	
4	
5	
6	
7	

다음 문장을 영어로 말하기

1	얼마나 계속 되나요?
1	여행 기간이 어떻게 되세요?
2	당신은 지금 유럽을 얼마 동안 여행 중인가요?
3	걸어서 거기까지 가는데 얼마나 걸렸어요?
5	여기 머문지 얼마나 되셨나요?
5	여기 서울에서 산지 얼마나 되었지요?
7	그 트레이닝이 얼마나 지속될 예정인가요?

읽기 (1인칭, 2인칭, 3인칭 예문 전체를 읽을 때의 속도)

low	80초	middle	70초	high	60초

읽기 연습용 표

no		no		no	
1		11		21	
2		12		22	
3		13		23	
4		14		24	
5		15		25	
6		16		26	
7		17		27	
8		18		28	
9		19		29	
10		20		30	

- 한번 읽을 때마다 시간을 적고 제시한 속도가 될 때가지 읽어야 헌다.
- 처음 읽을 때 low level, 2번 째 읽을 때 medium, 3번째 읽을 때 high – 중간에 high에 도달하면 더 이상 읽지 않아도 됨.

4.12 **how often, old, far, about** 의문문 연습

*2인칭 (주어를 you - 당신'으로 하는 경우)

1	How often do you change your password?	얼마나 자주 암호를 바꾸세요?
1	How old are you?	몇 살인가요?
1	How far do you walk?	얼마나 걸으세요?
3	How often did you change your password before?	당신은 전에 얼마나 자주 암호를 바꾸었나요?
5	How often have you changed your password?	당신은 지금까지 얼마나 자주 암호를 바꾸고 있나요?
6	How far had you walked?	얼마나 걸었던 거니?
7	How often will you play golf in a month?	당신은 한 달 동안 얼마나 자주 골프를 치려고 합니까?

*1-현재, 3-과거, 5-현재완료, 7-미래

*3인칭 (주어를 'your manager - 당신의 상관'으로 하는 경우)

1	How often does your manager change your password?
2	How old is your manager?
3	How far does your manager walk?
4	How often did your manager change his password?
5	How often has your manager changed his password?
6	How far had your manager walked?
7	How often will your manager play golf in a month?

*다양한 how often, old, far about 등등 표현들

1	How often do you eat out?
1	How often do you go shopping?
2	How old is the earth?
3	How old can a dog live?
5	How far is it?
5	How far is it from here to Busan?
7	How about playing golf this holiday?

*1-현재, 3-과거, 7-미래

읽기 (1인칭, 2인칭, 3인칭 예문 전체를 읽을 때의 속도)

low	60초	**middle**	50초	**high**	40초

읽기 연습용 표

no		no		no	
1		11		21	
2		12		22	
3		13		23	
4		14		24	
5		15		25	
6		16		26	
7		17		27	
8		18		28	
9		19		29	
10		20		30	

- 한번 읽을 때마다 시간을 적고 제시한 속도가 될 때까지 읽어야 헌다.
- 처음 읽을 때 low level, 2번 째 읽을 때 medium, 3번째 읽을 때 high – 중간에 high에 도달하면 더 이상 읽지 않아도 됨.

- 아래의 우리말을 보고 영어로 말하기

1	얼마나 자주 암호를 바꾸세요?
2	몇 살인가요?
3	얼마나 걸으세요?
4	당신은 전에 얼마나 자주 암호를 바꾸었나요?
5	당신은 지금까지 얼마나 자주 암호를 바꾸고 있나요?
6	얼마나 걸었던 거니?
7	당신은 한 달 동안 얼마나 자주 골프를 치려고 합니까?

위의 문장을 보고 주어를 'your manager'로 바꾸어 영어로 말하기

1	
2	
3	
4	
5	
6	
7	

다음 문장을 영어로 말하기

1	얼마나 자주 외식을 하세요?
1	얼마나 자주 쇼핑을 다니세요?
2	지구의 나이가 얼마지요?
3	개가 얼마나 살 수 있지요?
5	거리가 얼마나 됩니까?
5	여기서 부산까지 거리가 얼마나 되지요?
7	이번 휴일에 골프 치러 가는 거 어때?

읽기 (1인칭, 2인칭, 3인칭 예문 전체를 읽을 때의 속도)

low	70초	middle	60초	high	50초

읽기 연습용 표

no		no		no	
1		11		21	
2		12		22	
3		13		23	
4		14		24	
5		15		25	
6		16		26	
7		17		27	
8		18		28	
9		19		29	
10		20		30	

- 한번 읽을 때마다 시간을 적고 제시한 속도가 될 때가지 읽어야 헌다.
- 처음 읽을 때 low level, 2번 째 읽을 때 medium, 3번째 읽을 때 high – 중간에 high에 도달하면 더 이상 읽지 않아도 됨.

Chapter 5. 그 밖의 시제들

완료진행형(현재, 과거, 미래)
가정법 과거, 과거완료 - would, should, could, might
must의 진행형과 완료형

5.1 완료진행형

*1인칭 (주어를 'I - 나'로 하는 경우)

1	I look for you	난 너를 찾아
2	I am looking for you now	난 지금 너를 찾고 있는 중이야
9	I have been looking for you in years	한참 동안 정말 엄청나게 너를 찾았어
4	I was looking for you then	그때 난 너를 찾고 있었어
10	I had been looking for you in years	한참 동안 너를 엄청 찾은 적이 있었어
7	I will look for you	너를 찾게 될 거야
8	I will be looking for you	너를 찾고 있는 중일 거야
11	I will have looked for you	한동안 너를 찾고 있는 상태가 될 거야
12	I will have been looking for you	너를 엄청 찾아 헤매게 되겠지

*1-현재, 2-현재진행, 4-과거진행, 7-미래, 8-미래진행, 9-현재완료진행, 10-과거완료진행, 11-미래완료, 12-미래완료진행

*2인칭 (주어를 'you - 너'로 하는 경우)

1	You look for her
2	You are looking for her now
9	You have been looking for her in years
4	You were looking for her then
10	You had been looking for her in years
7	You will look for her
8	You will be looking for her
11	You will have looked for her
12	You will have been looking for her

*3인칭 (주어를 'she - 그 여자'로 하는 경우)

1	She looks for me
2	She is looking for me now
9	She has been looking for me in years
4	She was looking for me then
10	She had been looking for me in years
7	She will look for me
8	She will be looking for me
11	She will have looked for me
12	She will have been looking for me

읽기 (1인칭, 2인칭, 3인칭 예문 전체를 읽을 때의 속도)

low	65초	middle	55초	high	45초

읽기 연습용 표

no		no		no	
1		11		21	
2		12		22	
3		13		23	
4		14		24	
5		15		25	
6		16		26	
7		17		27	
8		18		28	
9		19		29	
10		20		30	

- 한번 읽을 때마다 시간을 적고 제시한 속도가 될 때가지 읽어야 헌다.
- 처음 읽을 때 low level, 2번 째 읽을 때 medium, 3번째 읽을 때 high
- 중간에 high에 도달하면 더 이상 읽지 않아도 됨

- 예문을 보고 다음의 시제로 바꾸어 읽기 (주어가 바뀌면 목적어도 바뀐다

현재	I look for you
현재진행	
현재완료진행	
과거진행	
과거완료진행	
미래	
미래진행	
미래완료	
미래완료진행	

현재	He looks for me
현재진행	
현재완료진행	
과거진행	
과거완료진행	
미래	
미래진행	
미래완료	
미래완료진행	

low	85초	**middle**	70초	**high**	55초

읽기 연습용 표

no		no		no	
1		11		21	
2		12		22	
3		13		23	
4		14		24	
5		15		25	
6		16		26	
7		17		27	
8		18		28	
9		19		29	
10		20		30	

5.2 가정법 과거 (would, should, could, might)
5.2.1 would

7	I will look for you	난 너를 찾을 거야
13	I would look for you	난 너를 찾았을 거야
14	I would be looking for you	난 너를 찾는 중이었을 거야
15	I would have looked for you in years	난 한참 너를 찾고 있는 상태였을 거야
16	I would have been looking for you in years	난 한참 너를 엄청 찾아 헤맸을 거야

*7-미래, 13-가정법 과거, 14-가정법 과거진행, 15-가정법 과거완료, 16-가정법 과거완료진행

- would는 will의 과거이다. 과거에서 미래를 언급하는 것으로 현재 시점에서 보면 과거에 '~했으면'하는 과거의 희망을 회고 내지는 후회하는 것이다. 결과는 당연히 현재까지 영향을 미치게 된다. 그래서 가정법과거는 '현재 사실의 반대'라고 한다. 영어 가정법의 핵심은 먼저 이 조동사의 과거형 의미를 확실히 이해하여야 한다.
- I would like to drink something은 직역하면 '뭔가를 마셨으면 좋았을 텐데'라고 마치 과거의 바램처럼 말한다. 이 말을 현재형에서 사용하면 직접적이지 않고 마치 지난 일처럼 부드럽게 표현이 되는 것이다.

*2인칭 복수 (주어를 'we - 우리들'로 하는 경우)

7	We will look for you
13	We would look for you
14	We would be looking for you in years
15	We would have looked for you in years
16	We would have been looking for you in years

*3인칭 (주어를 'he - 그 남자'로 하는 경우)

7	He will look for you
13	He would look for you
14	He would be looking for you in years
15	He would have looked for you in years
16	He would have been looking for you in years

읽기 (1인칭, 2인칭, 3인칭 예문 전체를 읽을 때의 속도)

| low | 50초 | middle | 40초 | high | 30초 |

읽기 연습용 표

no		no		no	
1		11		21	
2		12		22	
3		13		23	
4		14		24	
5		15		25	
6		16		26	
7		17		27	
8		18		28	
9		19		29	
10		20		30	

- 한번 읽을 때마다 시간을 적고 제시한 속도가 될 때가지 읽어야 헌다.
- 처음 읽을 때 low level, 2번 째 읽을 때 medium, 3번째 읽을 때 high
- 중간에 high에 도달하면 더 이상 읽지 않아도 됨

- 예문을 보고 다음의 시제로 바꾸어 읽기 (주어가 바뀌면 목적어도 바뀐다

미래	I will look for you
가정법 과거	
가정법 과거진행	
가정법 과거완료	
가정법 과거완료진행	

미래	They will look for me
가정법 과거	
가정법 과거진행	
가정법 과거완료	
가정법 과거완료진행	

미래	She will look for him
가정법 과거	
가정법 과거진행	
가정법 과거완료	
가정법 과거완료진행	

low	60초	**middle**	50초	**high**	40초

읽기 연습용 표

no		no		no	
1		11		21	
2		12		22	
3		13		23	
4		14		24	
5		15		25	
6		16		26	
7		17		27	
8		18		28	
9		19		29	
10		20		30	

5.2.2 should

7	I shalll look for you	난 너를 찾아야만 해
13	I should look for you	난 너를 찾았어야 했어
14	I should be looking for you	난 너를 찾는 중 이여야 했어
15	I should have looked for you in years	난 한참 너를 찾고 있는 상태였어야 했어
16	I should have been looking for you in years	난 한참 너를 엄청 찾아 헤매고 있었어야 했어

*7-미래, 13-가정법 과거, 14-가정법 과거진행, 15-가정법 과거완료, 16-가정법 과거완료진행

- should는 shall의 과거이다. 과거에서 미래를 언급하는 것으로 현재 시점에서 보면 과거를 강력하게 후회하는 것이다. 결과는 당연히 현재까지 영향을 미친다. 그래서 '현재 사실의 반대'라고 한다. 가정법의 핵심은 먼저 이 조동사의 과거형 의미를 확실히 이해하여야 한다.
- **You should go to bed**는 직역하면 '넌 침대로 갔어야만 했어'라고 마치 과거의 강력한 바램처럼 말한다. 이 말을 현재형에서 사용하면 직접적이지 않고 마치 지난 일처럼 부드럽게 표현이 되는 것이다.
  즉 '너 침대로 갔어야 했어', '넌 자러 가는 게 좋겠어'
- 현재형에서 'should'를 사용하면 'must'보다 약한 표현으로 권고, 제안에 해당한다. 강하지 않으므로 언제든 사용해도 실례가 되지 않는다.

*2인칭 복수 (주어를 'we - 우리들'로 하는 경우)

7	We shall look for you
13	We should look for you
14	We should be looking for you in years
15	We should have looked for you in years
16	We should have been looking for you in years

*3인칭 (주어를 'he - 그 남자'로 하는 경우)

7	He shall look for you
13	He should look for you
14	He should be looking for you in years
15	He should have looked for you in years
16	He should have been looking for you in years

읽기 (1인칭, 2인칭, 3인칭 예문 전체를 읽을 때의 속도)

low	50초	middle	40초	high	30초

읽기 연습용 표

no		no		no	
1		11		21	
2		12		22	
3		13		23	
4		14		24	
5		15		25	
6		16		26	
7		17		27	
8		18		28	
9		19		29	
10		20		30	

- 예문을 보고 다음의 시제로 바꾸어 읽기 (주어가 바뀌면 목적어도 바뀐다

미래	I shall look for you
가정법 과거	
가정법 과거진행	
가정법 과거완료	
가정법 과거완료진행	

미래	Teachers shall look for me
가정법 과거	
가정법 과거진행	
가정법 과거완료	
가정법 과거완료진행	

미래	He shall look for them
가정법 과거	
가정법 과거진행	
가정법 과거완료	
가정법 과거완료진행	

low	60초	middle	50초	high	40초

읽기 연습용 표

no		no		no	
1		11		21	
2		12		22	
3		13		23	
4		14		24	
5		15		25	
6		16		26	
7		17		27	
8		18		28	
9		19		29	
10		20		30	

5.2.3 could

7	I can look for you	난 너를 찾을 수 있어
13	I could look for you	난 너를 찾을 수 있었어
15	I could have looked for you in years	난 한참 너를 찾을 수 있는 상태였었어

*7-미래, 13-가정법 과거, 15-가정법 과거완료

- could는 can의 과거이다. 현재 시점에서 보면 과거에 '~ 할 수 있었어'로 후회하는 것이다.
- 'Could you open the window?'는 직역하면 '창문을 열어줄 수 있었겠지요?'라고 마치 과거처럼 말한다. 현재에서 사용하면 마치 지난 일처럼 부드럽게 표현이 된다. 즉 '당신은 창문을 열어줄 수 있으시지요?'라고 하면서 부드럽고 정중한 표현이 된다.
- 'can'은 진행형을 사용하지 않는다. 우리말도 마찬가지이다. '~ 할 수 있는 중이에요'처럼 안된다.

*2인칭 단수 (주어를 'you - 너'로 하는 경우)

7	You can look for me
13	You could look for me
15	You could have looked for me in years

*3인칭 단수 (주어를 'Your mom - 너의 엄마'로 하는 경우)

7	Your mom look for you
13	Your mom could look for you
15	Your mom could have looked for you in years

읽기 (1인칭, 2인칭, 3인칭 예문 전체를 읽을 때의 속도)

low	30초	middle	20초	high	15초

읽기 연습용 표

no		no		no	
1		11		21	
2		12		22	
3		13		23	
4		14		24	
5		15		25	
6		16		26	
7		17		27	
8		18		28	
9		19		29	
10		20		30	

- 예문을 보고 다음의 시제로 바꾸어 읽기 (주어가 바뀌면 목적어도 바뀐다

미래	I can look for you
가정법 과거	
가정법 과거완료	

미래	They can look for us
가정법 과거	
가정법 과거완료	

미래	The detective can look for them
가정법 과거	
가정법 과거완료	

low	40초	**middle**	30초	**high**	20초

읽기 연습용 표

no		no		no	
1		11		21	
2		12		22	
3		13		23	
4		14		24	
5		15		25	
6		16		26	
7		17		27	
8		18		28	
9		19		29	
10		20		30	

- 한번 읽을 때마다 시간을 적고 제시한 속도가 될 때까지 읽어야 헌다.
- 처음 읽을 때 low level, 2번 째 읽을 때 medium, 3번째 읽을 때 high
- 중간에 high에 도달하면 더 이상 읽지 않아도 됨

5.2.4 might

7	I may look for you	난 너를 찾을 지도 몰라
13	I might look for you	난 너를 찾았을 지도 몰라
14	I might be looking for you	난 너를 찾는 중 이였을 지도 몰라
15	I might have looked for you in years	난 한참 너를 찾고 있는 상태였을 거야
16	I might have been looking for you in years	난 한참 너를 엄청 찾아 헤맸을 지도 몰라

*7-미래, 13-가정법 과거, 14-가정법 과거진행, 15-가정법 과거완료, 16-가정법 과거완료진행

- might는 may의 과거이다. 과거에서 미래를 언급하는 것으로 현재 시점에서 보면 과거에 '~ 했을 지도 몰라' 과거를 다소 후회하는 것이다. 결과는 당연히 현재까지 영향을 미치게 된다. 그래서 가정법과거는 '현재 사실의 반대'라고 한다. 영어 가정법의 핵심은 먼저 이 조동사의 과거형 의미를 확실히 이해하여야 한다.
- You might go to bed는 직역하면 '넌 침대로 갔을 지도 몰라(가는 게 좋지 않았을까?)'라고 마치 과거의 강력한 바램처럼 말한다. 이 말을 현재형에서 사용하면 직접적이지 않고 마치 지난 일처럼 부드럽고 편안하고 다정하게 표현이 되는 것이다. 즉 '너 침대로 갔을 거야 아마', '넌 자러 가는 게 좋을 거 같아요'

*2인칭 복수 (주어를 'You - 너희들'로 하는 경우)

7	You may look for me
13	You might look for me
14	You might be looking for me in years
15	You might have looked for me in years
16	You might have been looking for me in years

*3인칭 단수 (주어를 'his son - 그의 아들'로 하는 경우)

7	His son may look for his mother
13	He might look for his mother
14	He might be looking for his mother in years
15	He might have looked for his mother in years
16	He might have been looking for his mother in years

읽기 (1인칭, 2인칭, 3인칭 예문 전체를 읽을 때의 속도)

low	50초	middle	40초	high	30초

읽기 연습용 표

no		no		no	
1		11		21	
2		12		22	
3		13		23	
4		14		24	
5		15		25	
6		16		26	
7		17		27	
8		18		28	
9		19		29	
10		20		30	

- 한번 읽을 때마다 시간을 적고 제시한 속도가 될 때가지 읽어야 헌다.
- 처음 읽을 때 low level, 2번 째 읽을 때 medium, 3번째 읽을 때 high
- 중간에 high에 도달하면 더 이상 읽지 않아도 됨

- 예문을 보고 다음의 시제로 바꾸어 읽기 (주어가 바뀌면 목적어도 바뀐다

미래	I may look for you
가정법 과거	
가정법 과거진행	
가정법 과거완료	
가정법 과거완료진행	

미래	My friends shall look for me
가정법 과거	
가정법 과거진행	
가정법 과거완료	
가정법 과거완료진행	

미래	Your friend will look for us
가정법 과거	
가정법 과거진행	
가정법 과거완료	
가정법 과거완료진행	

low	60초	middle	50초	high	40초

읽기 연습용 표

no		no		no	
1		11		21	
2		12		22	
3		13		23	
4		14		24	
5		15		25	
6		16		26	
7		17		27	
8		18		28	
9		19		29	
10		20		30	

5.3 must의 진행형과 완료형

1	You must look for me	넌 나를 꼭 찾아야만 해
2	You must be looking for me	넌 나를 찾고 있는 중인 게 틀림 없어
5	You must have looked for me	넌 한동안 나를 찾고 있었을 거야

*1-현재, 2-현재진행, 5-현재완료

- 우리말로 '~ 거야'라고 하면 영어로는 3가지 의미로 사용된다. 확실하지 않을 경우 '아마 ~일 거야'는 may를 사용하고 자신의 생각에 불과하면 'think' 확신을 갖고 하면 'must'를 사용한다. 그러니까 무조건 may를 사용하면 영어로는 정확한 표현이 아닐 수 있다. 이렇듯 우리말로는 한가지 의미지만 영어로는 여러 의미를 갖는 것이 너무나 많다. (보다, 듣다 등등)
- 완료형은 과거 같지만 과거부터 상태가 지금까지 이르거나 현재까지 영향을 주면 이렇게 표현한다.

*2인칭 단수 (주어를 'You - 너'로 하는 경우)

1	You must study English hard
2	You must be studying English hard
5	You must have studied English hard (넌 영어공부를 열심히 한 게 틀림없어)

*3인칭 단수 (주어를 'Her daughter - 그녀의 딸'로 하는 경우)

1	Her daughter must study English hard
2	Her daughter must be studying English hard
5	Her daughter must have studied English hard

읽기 (1인칭, 2인칭, 3인칭 예문 전체를 읽을 때의 속도)

low	40초	**middle**	30초	**high**	20초

읽기 연습용 표

no		no		no	
1		11		21	
2		12		22	
3		13		23	
4		14		24	
5		15		25	
6		16		26	
7		17		27	
8		18		28	
9		19		29	
10		20		30	

- 다음의 글을 보고 영어로 만들어 읽기

현재	우리 아버지는 건강을 위해 산책을 해야 되요
현재	우리들은 영어공부를 열심히 해야 해요
현재진행	우리 아버지는 지금 산책을 하고 계실게 확실해
현재진행	걔네들은 지금 열심히 영어공부를 하고 있을 걸(확실할 걸)
현재완료	우리 아버지는 건강을 위해 아침마다 공원을 산책하고 있을 거에요
현재완료	걔네들은 영어공부를 열심히 한 게 틀림없어
	다음은 스스로 시제를 결정하여 만들어 읽기
	우리 엄마는 매일 아침마다 우유를 마시는 게 확실해요
	너희 아버지는 지금 공원을 걷고 계시고 있을 거야
	우리 딸은 지금 열심히 피아노를 치고 있을 거야
	걔는 오늘 아침 일찍 일어난 게 틀림없어
	우리는 올 해 열심히 공부를 해야만 해요
	우리는 매일 아침 걸어야 해요

| **low** | 50초 | **middle** | 40초 | **high** | 30초 |

읽기 연습용 표

no		no		no	
1		11		21	
2		12		22	
3		13		23	
4		14		24	
5		15		25	
6		16		26	
7		17		27	
8		18		28	
9		19		29	
10		20		30	

- 한번 읽을 때마다 시간을 적고 제시한 속도가 될 때까지 읽어야 헌다.
- 처음 읽을 때 low level, 2번 째 읽을 때 medium, 3번째 읽을 때 high
- 중간에 high에 도달하면 더 이상 읽지 않아도 됨

부록 - 동사 16가지 시제의 예

현재형	I look for her	나는 그녀를 찾습니다.
현재진행	I am looking for her	나는 그녀를 찾고 있는 중입니다(
	*가끔은 이미 확정되고 곧 실현될 미래 즉 이미 마음을 먹은 상태일 때 사용된다.	
과거	I looked for her	나는 그녀를 찾았습니다.
과거진행	I was looking for her	나는 그녀를 찾고 있는 중이었습니다
현재완료	I have looked for her	나는 그녀를 쭉 찾고 있는 상태입니다
	*완료형은 우리나라 말에 없는 시제로 이해가 어렵다. 어떤 상태가 지속되는 상황에 사용된다. 현재완료는 그러니까 그런 상태가 지금 지속되고 있는 상황이다.	
과거완료	I had looked for her	나는 한때 그녀를 찾은 적이 있었습니다
	*지금은 아니고 과거 한 때 상태가 지속되고 있는 상황이었다.	
미래	I will look for her	나는 그녀를 찾을 것입니다
미래진행	I will be looking for her	나는 그녀를 찾고 있는 중일 것입니다 (꼭 찾을 것입니다)
	*확정된 미래에 사용된다. 그러므로 '꼭 ~할 것이다'의 뜻으로 볼 수 있다.	
현재완료 진행	I have been looking for her	나는 그녀를 엄청 찾아 헤맸습니다 (오로지 찾기만 했다는 과장된 표현)
	*과장된 표현에 주로 사용한다. 현재진행이 계속 지속되고 있는 상황이다. I am looking for her. 문장에서 'am'을 완료형으로 했다. ~ have been ~	
과거완료 진행	I had been looking for her	나는 한때 그녀를 엄청 찾아 헤맸습니다
	*현재완료진행과 마찬가지 개념으로 지금은 아니고 과거 한 때 그런 상황이 지속되고 있었다는 과장된 표현 I was looking for her. 문장에서 'was'를 과거완료형으로 했다. ~ had been ~	
미래완료	I will have looked for her	나는 한동안 그녀를 찾을 것입니다

	*미래 어느 시점에서 한동안 상태가 지속될 때 사용한다. I will have stayed in NY for 3 years. 뉴욕에서 3년간 있는 상태가 될 거야.	
미래완료 진행	I will have been looking for her	나는 한동안 그녀를 찾는 것만 할 것입니다
	*위 문장의 예제로 보면 '뉴욕에서 3년간 처박혀 있게 될 거야'와 같이 과장된 표현을 할 때 사용한다.	
가정법 과거	I would look for her	나는 그녀를 찾았을 겁니다
	*과거에서 미래를 말할 때 주로 사용된다. ~ should ~ 나는 그녀를 찾아야만 했습니다. ~ could ~ 나는 그녀를 찾을 수 있었습니다. ~ might ~ 나는 그녀를 찾았을 지도 모릅니다. *전부 실제는 그렇게 하지 않았다는 의미이다. 즉 가정해서 말하는 것이다. I would like to drink something.은 실제로는 '뭔가를 마셨으면 좋았을텐데'의 의미로 과거처럼 보이지만 지금도 현재 그렇다는 의미로 종종 사용된다. 그러면 표현이 훨씬 완곡해진다. 그래서 정중한 표현처럼 되는 것이다.	
가정법 과거완료	I would have looked for her	나는 한동안 그녀를 찾았을 겁니다
가정법 과거진행	I would be looking for her	나는 그녀를 찾고있는 중이었을 겁니다
가정법과거 완료진행	I would have been looking for her	나는 한동안 그녀를 엄청 찾아 헤매고 있었을 겁니다
	*완료진행형이므로 지속되고 있는 상태를 과장되어 표현할 때 사용한다.	